The Curious
Lives of
Oxford
Philosophers

オックスフォード哲学者奇行

児玉聡［著］

明石書店

オックスフォード哲学者奇行◇目次

こぼればなし

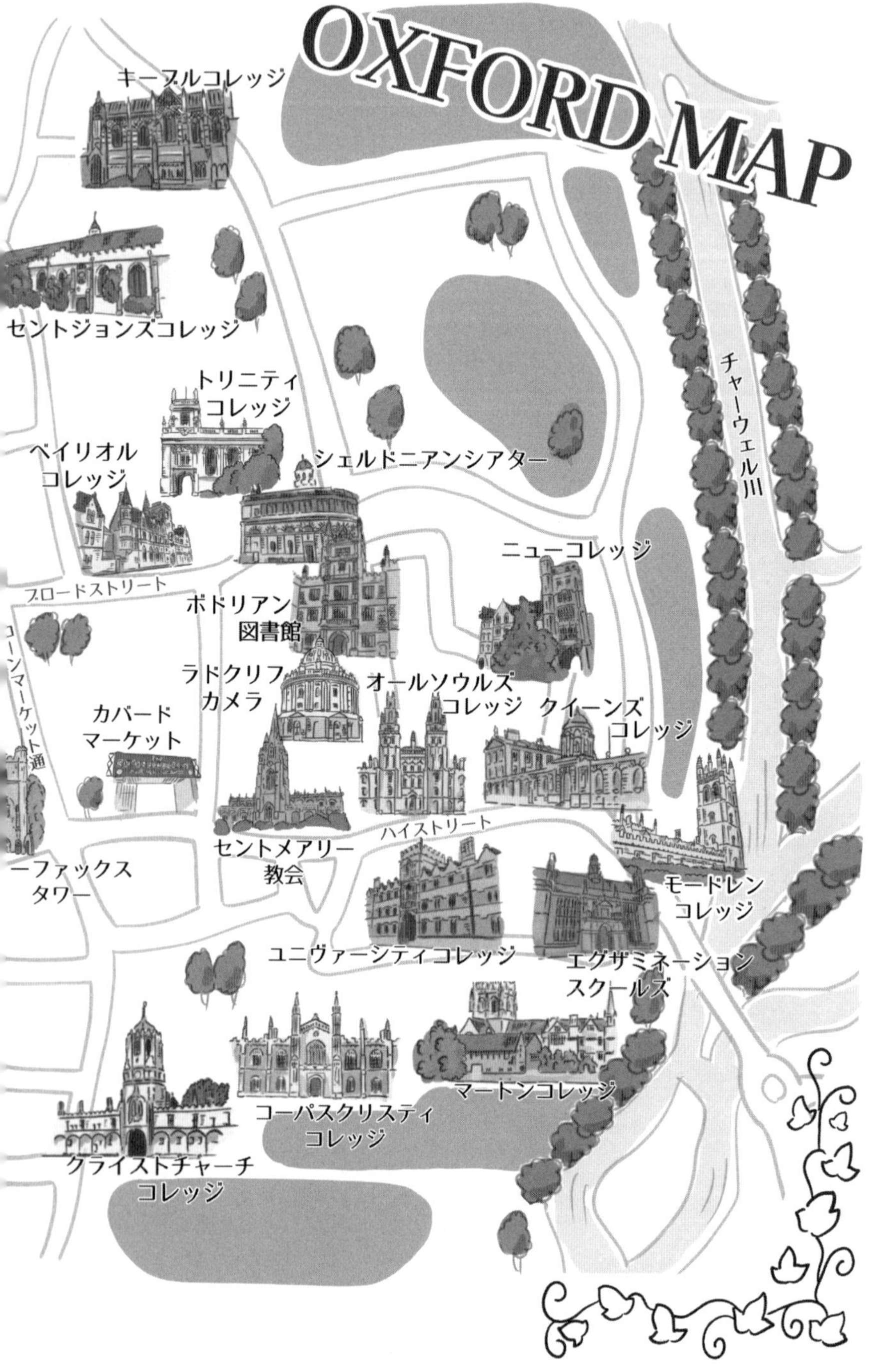
OXFORD MAP
キーブルコレッジ
セントジョンズコレッジ
トリニティ
コレッジ
ベイリオル
コレッジ
シェルドニアンシアター
チャーウェル川
ニューコレッジ
ブロードストリート
ボドリアン
図書館
コーンマーケット通
ラドクリフ
カメラ
オールソウルズ
コレッジ
クイーンズ
コレッジ
カバード
マーケット
ハイストリート
セントメアリー
教会
ーファックス
タワー
モードレン
コレッジ
ユニヴァーシティコレッジ
エグザミネーション
スクールズ
マートンコレッジ
コーパスクリスティ
コレッジ
クライストチャーチ
コレッジ

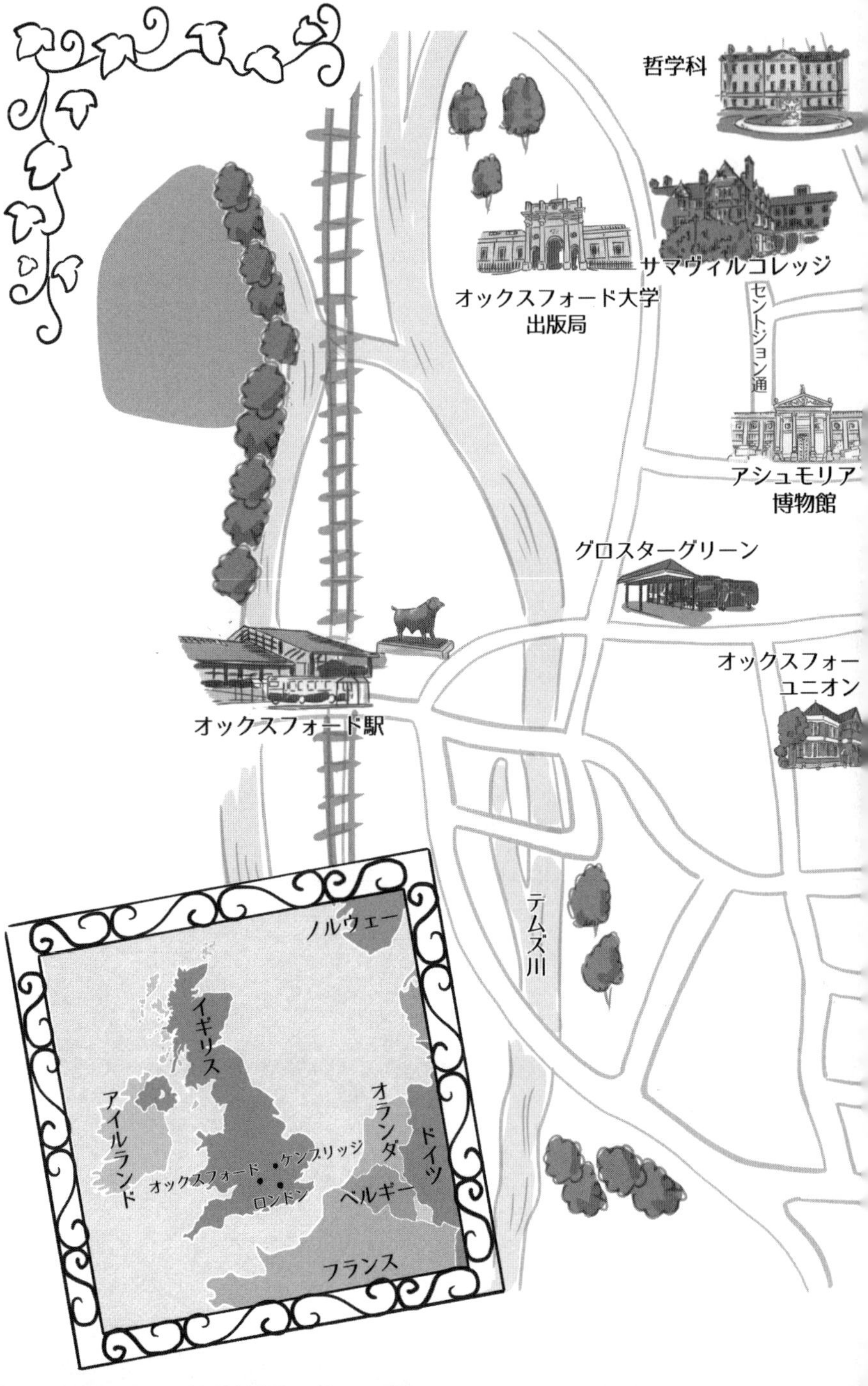

哲学科
サマヴィルコレッジ
オックスフォード大学
出版局
セントジョン通
アシュモリア
博物館
グロスターグリーン
オックスフォー
ユニオン
オックスフォード駅
テムズ川
ノルウェー
イギリス
アイルランド
オランダ
ドイツ
ケンブリッジ
オックスフォード
ロンドン
ベルギー
フランス

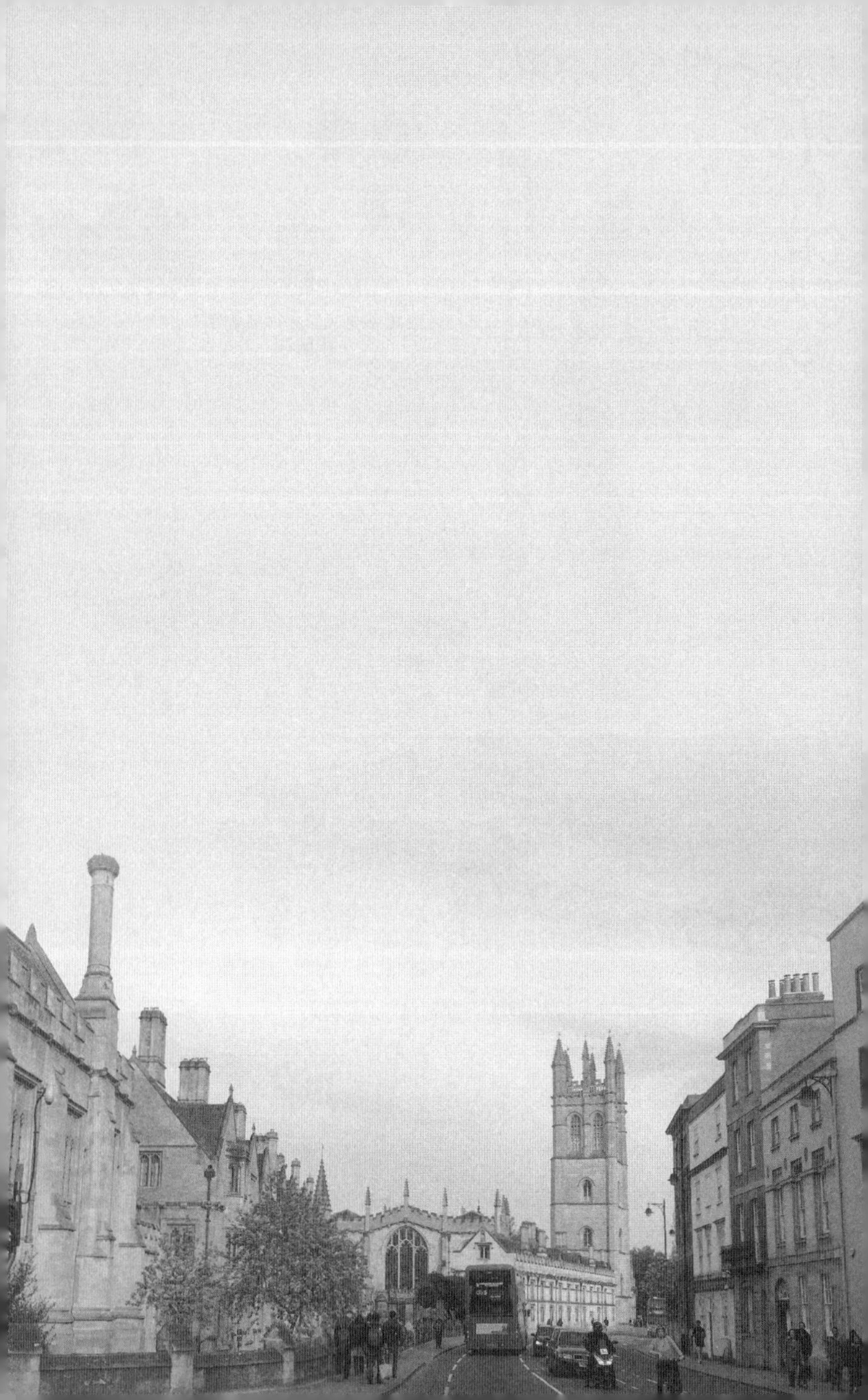

Chapter 1

オックスフォードに行ったら大学がなかった話

サバティカルでオックスフォードに来た。2019年の4月に渡英して、2週間ほどしばらくショートステイのフラットに泊まり、その間に1年間住める家を探した。今回は、そのショートステイ中に中国人夫妻にオックスフォード大学を案内してもらったときの話である。

◇

この中国人夫妻の旦那は、以前私がロンドンに留学していたときに同じ寮にいた人物で、約20年来の知己ということになる。彼はしばらく英国で仕事をしたあと、オックスフォードで勉強中と聞いていた。連絡を取ってみると、結婚してこちらに住んでいると言う。そこでさっそく再会することになった。

土曜の午前中にシティセンターからやや東にあるモードレン橋のあたりで待ち合わせて、まずモードレンコレッジへ。Magdalen と書いてモードレンと読ませるこのコレッジは、毎年5

モードレンコレッジ。5月1日にはチャペルの塔の上で聖歌隊が賛美歌を歌い春の訪れを祝う。なお，メイモーニングは労組の活動とはまったく関係がない。

月1日の早朝（メイモーニング）に聖歌隊が合唱を披露することでも有名だ。しかしあいにく見学は午後からということだったので、その日はあきらめた。

それから大学の植物園の脇を抜けてマートンコレッジへ。ここはいまの天皇が皇太子のときに2年間学んだ場所で、2019年5月の即位のときにもニュースで取り上げられていた。[1] が、ここも建物を見ただけで中には入らず、マートンフィールドというきれいな芝生の運動場のそばを歩いてクライストチャーチへ。ここは朝から見学可能だったので中に入ることにした。

クライストチャーチといっても教会ではなくコレッジの一つである。今日

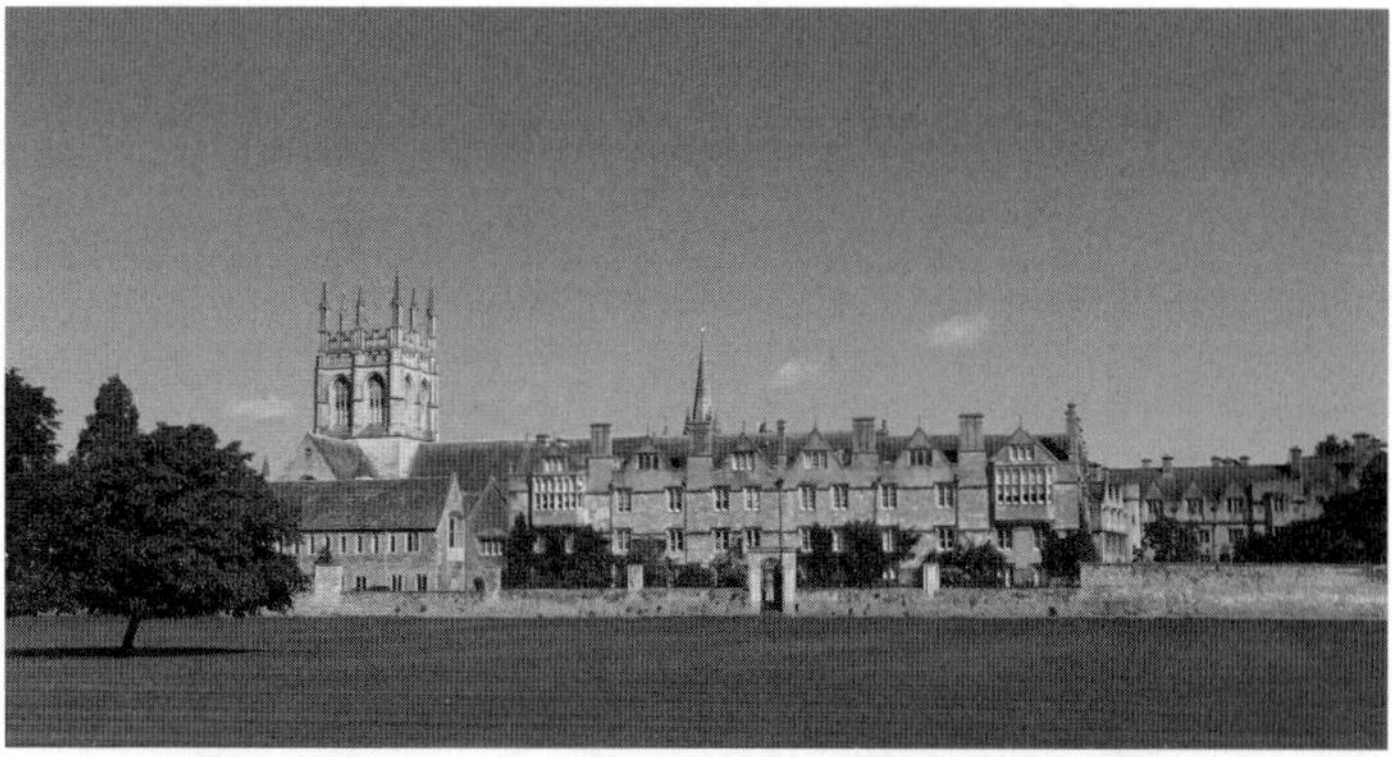

マートンコレッジ。『ロード・オブ・ザ・リング』の作者のトールキン，詩人のT. S. エリオット，動物行動学者のニコ・ティンバーゲン，フランクフルト学派のテオドール・アドルノなどが著名な「マートニアン」として知られる。

ではハリー・ポッターの映画の撮影に使われていたことでよく知られており、観光客も高い入場料を払ってここに入っている。17世紀の清教徒革命前夜には後に死刑となるチャールズ1世が住んでおり、ハリー・ポッターの映画に出てくるダイニングホールが議場として使われていた。観光客が目の色を変えて喜ぶダイニングホールには、ここで学んだジョン・ロック（哲学者）の肖像画もある。また、『不思議の国のアリス』の著者であるルイス・キャロル（数学者）もここで研究していた（⇒**Chapter 3**）。

◇

ところで、英国は博物館や美術館は無料で入れるのに、オックスフォードではコレッジを見学するのにお金がかかる。しかも、コレッジごとに値段が違い、トリニティコレッジは3ポンドだがクライストチャーチは10ポンドも取る。クライストチャーチに

クライストチャーチの南側の建物。見学可能な時間帯は大勢の観光客が入口付近に溢れている。

入場料を払って入る観光客が年間40万人いるとのことだから、単純計算で年間約5億円の収入だ。[2]

これに対して、日本は博物館や美術館は入場料を取るのに、京大も東大もキャンパスに入るのは無料だ。国立大学も独法化したので好きにすればよいのだ。東大は手始めに秋の銀杏拾いを有料化してはどうか。京大は観覧車を設置して大学を真の意味でレジャーランド化したらよいのではないか。時計台の上に展望台を作れば、五山の送り火のときなどはかなり稼げるだろうから、逼迫した予算の足しになるだろう。一部の学生だけに登らせるのはもったいない話だ。旧七帝大共通の年間フリーパスというのもよいかもしれない。
つい話が脱線したが、オックスフォード大学の学生証や職員証を持っていると、これらのコレッジや植物園などには無料で入れる。学生証・職員証を持っていれば学外者を数人同伴することもできる。だから、オックスフォードに行くときは、何とかして学生か職員になるか、あるいは学生か職員らしき人をつかまえて友人になることをお勧めする。

◇

クライストチャーチを見学したあと、ボドリアン図書館、トリニティコレッジ、ベイリオルコレッジ、セントジョンズコレッジ、ウースターコレッジなどの場所を教えてもらい、昼食後はさらにアシュモリアン博物館に入って中を一通り見学したあと、中国人夫妻とは別れることになった。

私「え、ちょっと待って。今朝からいろいろなコレッジやら図書館やらを案内してもらったけど、よく考えたらまだオックスフォード大学は案内してもらってないよ。大学（ユニヴァーシティ）はどこにあるの？」
友人「あのね、君、それはカテゴリーミステイクで、まさにライルが『心の概念』で論じている例だよ。オックスフォード大学というのはコレッジの集合体であって、それと別個に大学が存在するわけじゃないんだ。では、再見」

……などという会話はもちろん交わさなかったが、今回話したかったのは、この（架空の）会話で友人が指摘しているカテゴリーミステイクである。これはどういうミステイクなのか。ネットに落ちている京大文学部の専修案内を見ると、哲学専修（いわゆる純哲）の専修案内には次のようにある。

哲学専修は、文学部の中でも、研究対象の選択の自由度が最も高い場所の一つである。なんたって、名前が「哲学」。国文学や仏文学にまじって「文学」専修があるようなもの。一段と高いはずの分類項目が、より細かい項目の間に紛れている珍現象を哲学の業界用語では、カテゴリー・ミステイクと言う。[3]

京大文学部の仕組みを知らない人にとってはわかりにくい話だが、哲学専修や私の所属する倫理学専修は、哲学基礎文化学系（旧哲学科）の中にある講座である。しかし、哲学基礎文化学系の一講座として哲学専修があるのは、上位のカテゴリーにあるべきものが下位のカテゴリーに混入しているように見えるということだ。

マートンフィールドでクリケットの練習をする少年たち。

同様に、オックスフォードでコレッジや博物館を見たあとに、それと同列のものとして「大学」を見つけようとすることは、「大学」をコレッジや博物館と同じカテゴリーに入るものとして考える誤りを犯すことになる。ギルバート・ライルがカテゴリーミステイクと呼んだのはこのような誤りである。[4] 子どもが歩兵、砲兵、騎兵などの隊列の行進を見守ったあとに、いつ「師団」は出てくるのかと問うという、師団の行進の話も同様である。

だが、正確に言えば、ライルのカテゴリーミステイクは「一段と高いはずの分類項目が、より細かい項目の間に紛れている現象」のみを指すのではない。ライルが挙げているクリケットの例では、投手、打者、野手、審判、記録係などの役割を学んだ外国人が、「あれ、しかし、あの有名なチーム・スピリットの役割を果たす人はどこにいるんですか？」と尋ねるという話がある。そんなことを本気で尋ねる人がいるのかと突っ込みたくなるが、ライルによるとチーム・スピリットというのは、投手や打者がそれぞれの役割を果たすさいの取り組み方に体現されるものであり、投げたり打ったりするのとは別個の役割として存在するものではない。この例からわかるように、ライルのいうカテゴリーミステイクにおいては、上位下位というのは重要ではなく、むしろより一般的に、ある対象が、本当はあるカテゴリーに属するのに、別のカテゴリーに属すると考える誤りである。

◇

本書ではあまり詳しい哲学の話をするつもりはないが、前置きが長かったせいかすでに字数が尽きたので、次章はライルの話の続きをしたいと思う。

注

［1］このときの思い出は下記の著作に記されている。オックスフォード大学のコレッジの様子もよくわかって大変参考になる。徳仁親王『テムズとともに——英国の二年間』学習院教養新書、１９９３年。

［2］下記のニュース記事を参照。１ポンドは１３０円くらいとして暗算。ただし、グループ割引やシニア割引もあるので、単純な計算はできない。とはいえ、おみやげの売り上げも馬鹿にならないはずなので、相当な収入になっているだろう。Ffrench, Andrew, "New visitor centre in Christ Church Meadow in Oxford is almost ready to open," *Oxford Mail*, 4 July 2019.

［3］https://www.bun.kyoto-u.ac.jp/wp-content/uploads/bungaku_live_font_lores-3_compressed.pdf

［4］Ryle, Gilbert, *The Concept of Mind: 60th Anniversary Edition*, Routledge, 2009.（翻訳、ギルバート・ライル著、坂本百大ほか訳『心の概念』みすず書房、１９８７年）

Chapter 2

ライルのカテゴリーミステイク

２０１９年の春からサバティカルでオックスフォード大学に来ている。が、夏の間に所用で一時帰国する必要があり、今はちょうど英国に戻るところだ。

ちょうど２０１９年の春からブリティッシュ・エアウェイズ（ＢＡ）が関空－ヒースローの直行便を始めたので、今回はそれを利用することにした。ＢＡは今年が１００周年とのこと。今から１００年前の１９１９年というのは、世界史的にはもちろん第一次世界大戦終結の年だ。しかし１９１９年は、オックスフォード哲学にとっても因縁の深い年である。というのは、この年は１９００年生まれのギルバート・ライルがオックスフォード大学に入学した年であり、またエリザベス・アンスコム、アイリス・マードック、マリー・ミジリー、ピーター・ストローソン、それにＲ・Ｍ・ヘアという、キープレーヤーが生誕した年だからだ。彼らや、またＡ・Ｊ・エア、Ｊ・Ｌ・オースティン、フィリッパ・フット等々がオックスフォード哲学の隆

BA のビジネスクラス。掲載するつもりで撮ってはいなかったのでこれしか写真がない。詳しくは BA のサイトを参照。

盛に貢献し、それぞれが大きな功績を残したことは周知のとおりである。しかし、彼ら一人ひとりの風変わりな一面や、その人間関係についてはあまり知られていない。そこで本書では、彼らの伝記やインタビュー記事や追悼文などから垣間見える人間模様を紹介したいと考えている。

アンスコムたちについては追々話すことにして、今回は前章に引き続きライルについて話そう。

なお、この原稿はたまたまBAが私の座席をビジネスクラスにアップグレードしてくれたおかげで書くことができた。もしかするとたまたまではなく、私が本書でオックスフォードや英国の宣伝をすることをMI5が早々に察知してBAに知らせてくれたのかもしれない。その場合は英国の関係機関に謝意を表するとともに、引き続き厚遇してもらえることを期待したい。

◇

さて、前章で述べたように、カテゴリーミステイクとは、あるものをそれが本来所属すべきカテゴリーとは違うカテゴリーに入れてしまうことから生じる誤りのことである。遠足で「バナナはおやつですか?」と尋ねるという状況を考えよう。これは、バナナはおやつというカテゴリーに所属するのか、あるいはおやつのつもりでバナナを遠足に持ってくるとカテゴリーミステイクを犯したことになるのか、という質問と理解することができる。あるいはゴミの分別を考えてもよい。オックスフォードでは現在、生ゴミは埋めるゴミとは別に処理しなくてはならないのだが、私が誤ってバナナの皮を燃えるゴミの袋に入れようとすると、某妻には「ほらまたカテゴリーミステイク!」と罵られる。

こういう卑俗な事例で話してもらえると助かるのだが、ライルが出しているのは英国らしい事例、すなわち前章で扱ったオックスフォード大学の事例、師団の行進の事例、クリケットの事例などである。また、前章では取り上げなかったが、英国の憲法の事例もある。だが、これまた英国は成文憲法ではないので若干の背景知識が必要になる。

オックスフォード大学の事例も注意が必要である。次の説明を見てほしい。

ゴミの分別。埋める用のゴミ箱，リサイクル用のゴミ箱，生ゴミ（コンポスト）用のゴミ箱がある。これは私の家ではないが，たまたま数字の並びがおもしろかったので掲載しておく。

図書館や講義棟といった個々の建物のあつまりが大学と呼ばれる（……）。だが、大学とは何なのかよくわかっていない人は、図書館や講義棟と並んで、「大学」という建物があると考えてしまうかもしれない。この人は、大学というのは図書館や講義棟と同じ「建物」というカテゴリーに属するものではないとわかっていないのだ。こうした人はカテゴリー錯誤をおかしているといわれる。[1]

これはカテゴリーミステイク（錯誤）の説明としては間違いではない。だが、ライルが念頭においていたのはそこまで愚かな人ではないだろう。ライルが「初めてオックスフォードやケンブリッジを訪れた外国人がやる間違い」と言っているように、この間違いは京大や東大のようなごくありふれた大学では生じない種類のものである。たとえば、京大や東大に初めて来た人が、文学部や法学部や医学部や時計台や図書館を見たあとに、「ではいったいどこに大学があるんですか?」と尋ねるという状況は、ほとんど考えられないだろう。このような間違いは、オックスフォード大学のようにコレッジの集合体としてオックスフォード・ユニヴァーシティがあるという特殊な構成になっている場合にのみ生じる間違いだといえる。

この場合のコレッジというのは単科大学を意味するのではなく、しばしば「学寮」と訳されるように、文系理系を問わずさまざまな専門の研究者が属する独立性の高い教育研究機関である。なお、オックスフォード大学にはユニヴァーシティコレッジというコレッジまであり、ますます混乱する。また、オックスフォードにはコレッジのほかに哲学科のようなファカルティもあるが、かつては哲学科の建物は存在しなかった。話がややこしくなってきたが、とにかくライルが挙げている例は大学一般に当てはまるものというよりは、オックスフォードやケンブリッジなどの英国独特のコレッジ制度を前提とした、いささかわかりにくい事例である。

私はまだオックスフォード大学はどこですか、と訊かれたことはないが、いまの天皇が皇太子の頃にオックスフォードのマートンコレッジに留学していたときにも、このような疑問をも

ユニヴァーシティコレッジのロジックレーン。

つ観光客がいたと述べている。ついでに引用しておこう。

オックスフォードの町を歩いていると、しばしば「大学はどこにあるのだろうか」と言っている観光客に出会う。このような疑問をもつのは日本人だけではないが、この言葉はオックスフォード大学の建物が存在するわけではなく（……）これらのコレッジが各々独立しながらオックスフォード大学という一つの連合体を形成している。[2]

◇

さて、ライルは「カテゴリー」という論文を戦前に書いているが、ここでいうカテ

ロンドンのデザインミュージアムにあるオレンジ色の自動車。キューブリック監督による映画『時計じかけのオレンジ』で使用されたもの。

ゴリーとは、たとえば実体や属性のことである。[3] 古典的な区別をすると、実体はそれ自身で存在できるが、属性（性質）は実体に依存しなければ存在できない。オレンジ色の自動車を考えると、自動車が実体で、オレンジ色は属性である。属性であるオレンジ色は自動車抜きには存在できない。より正確に言えば、オレンジ色であるのは自動車というよりペンキであり、自動車とオレンジ色のペンキは独立に存在できる。しかしその場合でも、ペンキのオレンジ色はペンキの属性であってオレンジ色はペンキ抜きには存在できない。

また、デカルト的な心身二元論によれば、身体（ボディ）と心（マインド）は二つの実体である。心は身体に依存せず、したがって身体が滅びたあとにも存在できるような実体というカテゴリーに属するものとして捉えられる。ライルがカテゴリーミステイクの哲学上の一例として『心の概念』で問題にしたのは、この心身二元論である。彼によれば、心を実体と考えるのは「デカルト的神話」であり、これは「二つの大きな誤りであり、特別な種類の誤り」、すなわちカテゴリーミステイクである。ライルの有名なフレーズを使うと、心は「機械の中の幽霊（Ghost in the Machine)」なのではない。心を身体と同様に実体というカテゴリーに所属させることはできない[4]。

では心が実体でないとすると、それは何なのか。身体の属性なのか、身体と不可分の何かなのか、あるいはそもそも本当は存在しないのか。これが心の哲学の出発点であるが、関心のある読者は『ワードマップ心の哲学』などを参照していただくとして、ここでは触れるだけにとどめる。

もう少しライルの哲学の続きをしたいが、残念ながらここで字数も精根も尽きたので、次章に続くことにする。

注

［1］片岡雅知「行動主義」信原幸弘編『ワードマップ心の哲学――新時代の心の科学をめぐる哲学の問い』新曜社、２０１７年、26頁。

［2］徳仁親王『テムズとともに――英国の二年間』学習院教養新書、１９９３年、50頁。

［3］Ryle, Gilbert, "Categories," *Proceedings of the Aristotelian Society*, Vol.38, 1937, pp.189-206.

［4］Ryle, Gilbert, *The Concept of Mind: 60th Anniversary Edition*, Routledge, 2009.（翻訳、ギルバート・ライル著、坂本百大ほか訳『心の概念』みすず書房、１９８７年）

Chapter 3

「ロンが生きてるなんて珍しいね」

いま私が住んでいる家のそばには、ロンという老猫がいる。ハリーという兄弟ネコはとても元気でいろいろなところを歩いているようだが、ロンはいつも死んだように歩道で寝そべっている。ロンは至近距離まで近付いてもピクリともしないことがあるので、今日こそ死んだのではないかと思って声をかけると、薄く目を開けてまた寝出すという感じのネコである。

先日、たまたまロンが足を少し引きずりながら歩いている姿を見て、8歳の娘が「ロンが生きてるなんて珍しいね」と言っていた。珍しいも何も、毎日生きてないと死んでいることになるだろう！　ルイス・キャロル作の『不思議の国のアリス』には、ニヤリと笑った口だけを残して消えていくチェシャー猫の話が出てくるが、さすがにオックスフォードのネコといえども、ときどき生きてるという芸はできないはずだ。

ついでながら、クライストチャーチのダイニングホールに行く機会があれば、ステンドグ

老猫のロン。普段は死んだように寝ている（写真右）。

ラスの一角にアリスの姿が描かれているので探してみてほしい。アリスの物語を作ったルイス・キャロルはペンネームで、本名はチャールズ・ラトウィッジ・ドジソンと言う。彼の肖像画もダイニングホールの入口近くにあるが、Charles Lutwidge Dodgson という本名しか記されていないので、見過ごさないように注意が必要である。彼はクライストチャーチで数学者として研究をする傍ら、クライストチャーチの学寮長の娘たちと遊んだり、当時新しかった写真撮影に入れ込んだりしていたようだ。学寮長の娘たち――そのうちの一人はアリスという名前だった――に語っていた話がアリスの物語になったことはよく知られている。

さらについでながら、上に出てきたネコの名前のロンやハリーは、もちろん『ハリー・ポッター』の登場人物にちなんだものだろう。クライストチャーチは映画の撮影にも使われたため、そのショップには、アリス関連のグッズと並んでハリー・ポッター関連のグッズも多い。ただ、残念ながらまだダイニングホールのステンドグラスにハリーたちの姿はない。あるいは、少なくとも魔法が使えないマグルには見えない。

◇

ライルは前章でも触れた『心の概念』を1949年に公刊したが、彼が活躍し出したのは戦前のことである。彼は、1920年代半ばにオックスフォードのクライストチャーチでフェローになったあとにドイツ語を学び始め、当時のドイツ哲学を真面目に研究するようになった。当時、彼が「ボルツァーノ、ブレンターノ、フッサール、およびマイノング」という講義を提供したところ、その哲学者たちの名前の響きから、学生たちはその講義のことを「ライル先生による、オーストリアの3つの駅と中国のサイコロ遊び」と呼んでいたという逸話がある。[1]

クライストチャーチのダイニングホールに飾ってあるドジソン（ルイス・キャロル）の肖像画。

クライストチャーチのダイニングホール。一部のステンドグラスにアリスや白ウサギの姿がある。ただし，この写真を目を凝らして見ても普通の人間には見えないだろう。

それはともかく、ライルはドイツ哲学でもとくに現象学に注目していた。彼の「現象学」（1932）という論文はつい最近翻訳がなされたが、[2] ついでに訳してほしいのが「現象学 対 心の概念」という1962年の論文だ。[3] この論文を読むと、ライルが現象学を「心の哲学」と呼び、また逆に自分の研究も現象学と呼べると書いており、彼が現象学およびバートランド・ラッセルやルートヴィヒ・ウィトゲンシュタインらの研究との関係で自分の研究をどのように位置づけていたかが窺えて興味深い。

その論文の中で、ライルは次のような思い出話をしている。自分がかつて生徒だった頃に、すべての能動的動詞

(active verbs) は行為を表していると習った。たとえば、「穴を掘る」「歩く」「建てる」といった能動的動詞は行為を指し示していると考えられるが、それと同じことが能動的動詞のすべてについて言える、という発想である。しかし、ライルに言わせるとこれは明らかに無理がある。たとえば、「寝ている」「死につつある」「所有している」などは行為ではない。また、心についても、「計算する」「熟考する」「思い出す」などは行為であるが、「信じる」「知っている」などは行為ではなく、むしろ傾向性 (disposition) またはアリストテレスの言うヘクシスである。冒頭の「ロンが生きてるなんて珍しいね」という発言も、おそらくライルなら、「生きている」という状態を指す動詞を、「歩く」のような行為を指す動詞と混同して使用した例と指摘するだろう。

ライルの考えでは、こうした行為と傾向性の区別は日常言語を注意深く分析すればわかるものである。しかし、そのような区別をすることなく、「信じる」という神秘的な行為を心が行っていると考えることは、心を「機械の中の幽霊」として実体化して捉える誤りを犯すことになる。これがライルの基本的な発想だ。しかしライルの哲学についてこれ以上は立ち入らず、話題を変えてオックスフォード大学の哲学教育について話したい。とはいえ、まだライルには舞台に残っておいてもらおう。

◇

ライルの写真。現在の哲学科の建物１階にあるライル・ルームの外に掛けてある。なお，英国で１階というのは日本の２階のことなので注意。

ライルは１９００年８月19日生まれで、１９７６年10月に76歳で亡くなっている。イギリスの南にあるブライトンで生まれ育ち、１９１９年にオックスフォードのクイーンズコレッジに入った。学部ではMods and Greatsと呼ばれるギリシア語・ラテン語、歴史、哲学を学ぶ古典学のコースで勉強した。このときの成績が非常に優秀だったため、新しく始まったＰＰＥ（Philosophy, Politics and Economics）のコースを1年間で履修することになり、それも優秀な成績を収めて卒業した。クイーンズコレッジのボート部にも入ってキャプテンとして活躍していたというから、文武両道だったようだ。古典学やＰＰＥについては次章以降に説明するが、ＰＰＥは英国の現首相のボリス・ジョンソンも取った、歴史的に重要な学位である。

ライルは第二次世界大戦前はクライストチャーチのフェローをしており、この時期に先述したようにドイツ哲学を研究し始めている。第一次世界大戦のときはまだ若かったために従軍せ

クライストチャーチの中庭。ライルは戦前はクライストチャーチでフェローをしていた。

ずにすんだが、第二次世界大戦中は軍隊に入り、後にオックスフォード大学で同僚となるH・L・A・ハートやスチュアート・ハンプシャーらと哲学の話をしながら諜報活動をしていた。[4] 今後取り上げる哲学者の多くはみな戦争体験があってそれぞれ興味深いのだが、それもまた機会があれば話したい。

戦後、彼がオックスフォードに戻ってくると、ウェインフリート形而上学教授だったR・G・コリングウッドが戦争が終わる頃に亡くなったため、ライルはその後釜としてフェローから教授に昇進した。

このウェインフリート（William of Waynflete）というのはモードレンコレッ

モードレンコレッジ。ウェインフリート教授になると，このコレッジの所属になる。なお，多くのコレッジでは学生がいない期間，旅行者は割と安い値段で宿泊できる。

ジの創設者であり、ウェインフリート形而上学教授とは、オックスフォードの由緒ある哲学の冠教授の4つのうちの一つである。[5] しかし、こういう冠教授というのはオックスフォードの外に出ると理解されにくい場合もあったようで、海外の大学でライルが講演をするさいには、次のように紹介されることもあったという。

えー、本日は、オックスフォード大学から二人の演者をお招きしております。こちらは有名なアームソン氏で、またこちらは、同じく有名なウェインフリート教授であります。[6]

前置きが長くなったが、ライルがウェ

インフリート教授になってからすぐに着手したのがB.Phil.学位の創設である。

◇

私の知る限り、残念ながらライルの奇人度はそれほど高くない。ライルは生涯独身だったが、ジェーン・オースティンの6つの小説を毎年繰り返し読んでいたという話や、[7] 彼の軍人風の語り口が彼の学生で分析的マルクス主義者のジェリー・コーエンによって真似されているぐらいだ。[8]「西洋世界の哲学の中心の〔そのまた〕中心にいた」人物は、[9] それほど奇人ではなく、むしろ常識人だったように思われる。『心の概念』を中心とする業績や、長く哲学雑誌の『マインド』の編集長を務めた点も評価すべきだが、とくにオックスフォード哲学興隆の礎を築いたという点に注目すべきだろう。そこで、オックスフォード大学の哲学教育について少し詳しく話をしたいが、その前にエアに登場してもらおう。

注

［１］Ryle, Gilbert, "Autobiographical," Oscar P. Wood and George Pitcher eds., *Ryle*, Macmillan, 1970.

［２］ギルバート・ライル著、青柳雅文訳「現象学」『立命館大学人文科学研究所紀要』１０１号、２０１３年、１９３〜２１３頁。

［３］Ryle, Gilbert, "Phenomenology versus 'The Concept of Mind'," *Collected Papers Volume 1: Critical Essays*, Routledge, 2009, pp.186-204.

［４］ライルやハートがＭＩ５にいた話は、下記。Sugarman, David and H. L. A. Hart, "Hart Interviewed: H. L. A. Hart in Conversation with David Sugarman," *Journal of Law and Society*, Vol.32, No.2, 2005, pp.267-293; Lacey, Nicola, *A Life of H. L. A. Hart: The Nightmare and the Noble Dream*, Oxford University Press, 2004.（翻訳、ニコラ・レイシー著、中山竜一／森村進／森村たまき訳『法哲学者Ｈ・Ｌ・Ａ・ハートの生涯――悪夢、そして高貴な夢 上・下』岩波書店、２０２１年、とくに第5章）

［５］ちなみに、あとの３つはワイルド精神哲学教授、ホワイト道徳哲学教授、ウィカム論理学教授である。ウェインフリート教授がモードレンコレッジのポストであるように、他の３つのポストもどこかのコレッジに紐付いている。なお、日本の大学では誰でも教授になれるが、少なくとも当時のオックスフォードでは、教員はコレッジのフェローとしてずっと過ごす者も多く、教授になれるのはほんの一握りであった。

［６］Owen, G. E. L., "Gilbert Ryle," *Proceedings of the Aristotelian Society*, Vol.77, 1976, pp.265-270.

［７］Strawson, Peter, "Ryle, Gilbert," *Oxford Dictionary of National Biography*, 2004. ライルはジェーン・オースティンの道徳観を哲学者のシャフツベリ卿のそれと比較した論文も書いている。Ryle, Gilbert, "Jane Austen and the Moralists," *Collected Papers Volume 1: Critical Essays*, Routledge, 2009, pp.286-

301.

［8］YouTube 参照。当人の語り口も YouTube で見ることができる。https://www.youtube.com/playlist?list=PL6E5DFF49819D2DF4 また、コーエンの最終講義でライルの逸話が紹介されているので、関心があればそちらも参照されたい。Cohen, G. A., *Finding Oneself in the Other*, Princeton University Press, 2012, ch.9.

［9］Strawson, Peter, “Ryle, Gilbert,” *Oxford Dictionary of National Biography*, 2004.

Chapter 4

エアの新婚旅行とウィーン学団

英国の小学校は9月から新学期が始まる。1学期はクリスマス前に終了するが、10月末に1週間の中休み（half-term holiday）がある。その間、オックスフォードにいても終日子どもの世話をすることになるので、妻と相談してプラハとウィーンに行くことにした。ウィーンと言えばエア（A. J. Ayer）が新婚旅行も兼ねて論理実証主義を学びに留学したことが思い出される。若干強引な結びつけ方だが、今回はその話をしたい。[1]

なお、日本語で表記するとき、Ayer は従来「エイヤー」と表記されていた。倫理的言明は真偽の問えるものではなく感情を表出しているにすぎないという彼の情動説の立場からすると、「エイヤー」というのは名前というよりは掛け声のようで似つかわしく思えるが、以下ではより英語での発音に近い「エア」と表記することにする。ちなみに、彼は友人たちからは「フレディ」と呼ばれていた（ファーストネームの Alfred から）。

◇

さて、エアと言えば『言語・真理・論理』（1936）が哲学史的には最も有名だ[2]。この著書は日本語だととくにタイトルが覚えにくいが、論理学や数学の同語反復的な命題を除き、経験的に検証できない命題はすべて無意味、つまり間違っているのではなく文字どおりナンセンスであるとして、形而上学、倫理学、宗教、美学における主張をすべてナンセンスと撫で斬りにした本である。この本はウィーン学団（Vienna Circle）の論理実証主義の英語版と言えるもので、若きエアが1932年の冬から1933年の春にかけてウィーンに短期滞在したときにそのエッセンスを学んだものだ。

オックスフォードにある，すでに使われていない公衆電話。上部に NONSENSE という言葉があっておもしろい。ただ，この公衆電話は子ども向けの Story Museum のそばにあるので，おそらく論理実証主義ではなく『不思議の国のアリス』の影響だろう。

では、なぜエアはそもそもウィーンに行ったのか。結論を先に言えば、ライルの勧めがあったのと、新婚旅行先として良かったからだ。

エアは1910年生まれで、名門イートン校を卒業後、1929年にオックスフォード大のクライストチャーチに入学した。そこでチューターをしていた10歳年上のライルに出会い、彼の導きで哲学に傾倒することになる。エアはライルからウィトゲンシュタインの『論理哲学論考』を紹介され、3年生のときにオックスフォードの研究会でこの本についての報告を行った。『論理哲学論考』は1921年にドイツ語で出版され、翌年には英訳が出版されていたが、ウィトゲンシュタインの著作がオックスフォードで論じられたのはこれが最初だったとされる。

さらに、ライルはエアを自動車に乗せてウィトゲンシュタインに会いにケンブリッジに連れて行った。ケンブリッジの話は本書ではしない予定のため（仮に次のサバティカルがあれば、そのときにしたい）、ウィトゲンシュタインとの出会いの話は省略するが、いずれにせよエアは気難しいウィトゲンシュタインに気に入られたようだ（⇒ **Chapter 29**）。

3年で学部（古典学専攻）を卒業したエアは、クライストチャーチで講師（Lecturer）になるまで少し時間があったため、ライルに相談して、ケンブリッジに行ってウィトゲンシュタインの教えを請いたいと伝えた。するとライルは、それよりも良いアイディアがある、ウィーンに行ってウィーン学団のことを勉強してきなさいとエアに伝えた。それでエアはウィーンに行くことになった。

ライルはウィーン学団の親玉のモーリッツ・シュリックと知り合いだったので、一筆紹介状を書いてくれることになった。エアはウィトゲンシュタインに学ぶのも、『論理哲学論考』か

ウィーンにあるウィトゲンシュタイン・ハウス。ウィトゲンシュタインが姉のマルガレーテの依頼に応じて，もう一人の建築家と一緒に設計・建築した。現在はブルガリア大使館が所有している。なお，ウィトゲンシュタインはウィーン出身で，父親は鉄鋼業で富を築いた名士であり，グスタフ・クリムトがマルガレーテの肖像画を描いたことも知られている。

ら多大な影響を受けたウィーン学団に学ぶのも同じようなものだと考えてウィーン行きを決めたわけだが、実はウィトゲンシュタインは主にフランク・ラムジーの批判を受けてすでに『論理哲学論考』の思想を放棄しつつあった。[3] とすると、もしここでエアがライルの提案を突っぱねて、やっぱりケンブリッジに行きたいとがんばっていたら、『哲学探究』後期思想を形成しつつあったウィトゲンシュタインに教わることになっており、そうしたら『言語・真理・論理』はおそらく書かれることはなく、哲学史は大きく変わっていただろう。[4]

しかし、エアがウィーン行きを承諾したもう一つの理由があった。それはレネー・リーズとの新婚旅行だ。レネーはエアが大学に入る前に出会った女性で初恋の相手である。彼女はエアより1歳半年上で、エアの回想によれば小柄で短い茶色の髪と大きめの唇と青い目が目立つかわいい女性だった。レネーは元英海軍の大佐の一人娘で、この父親は軍務で日本に来たさいに日本が気に入って学習院（Peers School）で英語を教えることになり、その関係でレネーも日本で数年間暮らしていたことがある。エアはイートン校の最終学年だったときにフランス語を学びにパリに行き、ちょうど同様にフランス語を学んでいた彼女に出会った。そのときは恋愛関係には至らなかったが、約1年後にロンドンで再会したときから付き合うようになった。

エアが学部生の頃にはレネーはロンドンに住んでいたため、お互いにオックスフォードとロンドンを行き来していた。現在のオックスフォード大学は学部レベルでは女性と男性の入学者はほぼ半々だが、基本的にまだほとんど男子学生しかいなかった当時のオックスフォードでは、女性と仲良くなりたければロンドンに行くしかなかった。[5] しかし、学期中は学生は門限の12時までにオックスフォードのコレッジに戻ってくる必要がある。そのため、オックスフォード行きの最終電車は「姦淫車（fornicator）」として知られていたという。電車の話でつい脱線したが、エアはちょうど学部での勉強が終わり、ウィーンは新婚旅行にちょうど良い、ということで1932年11月末にロンドンでレネーと結婚し、船と電車でウィーンへと旅立った。

◇

さて、エア夫妻は1932年の冬にウィーンに着きモーリッツ・シュリックに会い、シュリックの授業だけでなく（これはノートを朗読するだけの退屈なものだったようだ）、ウィーン学団の週一の研究会にも出られることになった。そこにはシュリック、オットー・ノイラート、ハンス・ハーン、フリードリヒ・ヴァイスマン、クルト・ゲーデルといった著名な数学者・哲学者のほか、ハーバード大で学位を取得したばかりの若きウィラード・クワインもいた（ただし、ルドルフ・カルナップはすでにプラハ大学に移っていた）。詳述しないが、ここでエアは論理実証主義のエッセンスを吸収することになる。ただし、エアはフランス語とスペイン語は学んでいたがドイツ語はウィーンに来るまで学んだことはなく、語学にはいささか苦労したようだ。研究会での発表の内容はわかったが議論には参加できなかったと述懐している。

ウィーンでは語学の勉強も兼ねてドイツ語の映画を見たり、音楽好きの友人に連れられてオペラを見に行ったり、冬休みにはウィーンの森（Wienerwald）にスキーをしに行ったりと、新婚生活を満喫したようだ。ただ、これからウィーンへの新婚旅行を考えている人には縁起の悪い話だが、エアはその約10年後にレネーと離婚することになる。彼は78年という長い生涯の間に3人の女性と4回結婚した。4回結婚したのに女性が4人ではないのは、二度目の結婚相手

ウィーン大学。シュリックはこの建物の中にある階段の踊り場で教え子だった男性に射殺された。

のディー・ウェルズとは、一度離婚して別の女性と結婚したあと、その女性の死後に再度結婚したからだ。

縁起の悪い話ついでに、ウィーン学団の顛末についても少し述べておきたい。戦間期のウィーンは社会主義的な施策をとる「赤きウィーン」として知られていたが、エアがウィーンで過ごした1930年代初頭には反ユダヤ主義、ナショナリズムの運動が生じつつあった。1936年にはシュリックがウィーン大学で教え子だった学生に射殺されるという衝撃的な事件も起きている。

発砲した男性はシュリックの反形而上学的な思想によって道徳的信念を動揺させられたとか、自分が好意を抱いていた女子学生をシュリックが奪ったといった理由を裁判で述べていたが、背後には政治的な動機があったと考えられている。[6] すでにハンス・ハーンは亡くなり、ノイラートもオランダに亡命していた。次々と中心人物を失ったウィーン学団は解体に向かう。とはいえ、1938年のナチスドイツによるオーストリア併合の前後に米国や英国など各国に亡命していった研究者たちは、その後もとりわけ論理学や科学哲学の方面で影響力を持つことになった。[7]

◇

一方、ウィーンで論理実証主義の思想を学んだエアは、オックスフォードに戻ってレネーと住むところを見つけると、1933年の秋からクライストチャーチで教育と研究を始めた。友人のアイザイア・バーリンの勧めもあり、その3年後には『言語・真理・論理』の出版へと至る。この著作がオックスフォード哲学にもたらした多大な影響については、次章以降に機会があればまた話したい。

注

［1］今回の記述は、主にエアの回想録を参照した。Ayer, A. J., *Part of My Life*, William Collins Sons & Co., 1977; Honderich, Ted, "An Interview with A. J. Ayer," *Royal Institute of Philosophy Supplement*, Vol.30, 1991, pp.209-226.

［2］Ayer, A. J., *Language, Truth and Logic*, Penguin, 2001.（翻訳、Ａ・Ｊ・エイヤー著、吉田夏彦訳『言語・真理・論理』ちくま学芸文庫、２０２２年）

［3］Misak, Cheryl, "Philosophy Must Be Useful," *Aeon*, 2019, https://aeon.co/amp/essays/what-is-truth-on-ramsey-wittgenstein-and-the-vienna-circle

［4］ウィトゲンシュタインとウィーンの関係については、次の本が参考になる。Janik, Allan and Stephen Toulmin, *Wittgenstein's Vienna*, Simon and Schuster, 1973.（翻訳、Ｓ・トゥールミン／Ａ・ジャニク著、藤村龍雄訳『ウィトゲンシュタインのウィーン』平凡社、２００１年）

［5］１８７９年にレディマーガレットホールとサマヴィルコレッジが設立されて以降、女子学生のみが入れるコレッジがオックスフォード大学にもできたが、女子学生がオックスフォードで学位が取れるようになるのは１９２０年のことである（"October 1920: Women granted full membership of Oxford University," *The Guardian*, 8 October 2019, https://www.theguardian.com/gnmeducationcentre/2019/oct/08/october-1920-women-granted-full-membership-of-oxford-university）。その後も女子学生の数を厳しく制限するクオータ制が１９５０年代後半まで続いた（Dyhouse, Carol, "Troubled Identities: Gender and Status in the History of the Mixed College in English Universities since 1945," *Women's History Review*, Vol.12, No.2, 2003, pp.169-193）。なお、エアがいたクライストチャーチが女子学生を最初に受け入れたのは１９８０年のことである（"A Brief History of Christ Church," https://www.

chch.ox.ac.uk/sites/default/files/Visitor_Information-gb.pdf)。

[6] Kniefacz, Katharina, "Der Mord an Prof. Moritz Schlick: Attentat im Hauptgebäude der Universität Wien," https://geschichte.univie.ac.at/de/artikel/der-mord-prof-moritz-schlick 次の文献もおもしろい。Sigmund, Karl, *Exact Thinking in Demented Times: The Vienna Circle and the Epic Quest for the Foundations of Science*, Basic Books, 2017; Edmonds, David, *The Murder of Professor Schlick*, Princeton University Press, 2020.

[7] The "Vienna Circle" ("Wiener Kreis"), https://geschichte.univie.ac.at/en/articles/vienna-circle-wiener-kreis

こぼればなし①

ライルとエアの旅行中の会話

ライルはエアの10歳年上で、エアのチューターであり、エアにウィトゲンシュタインやウィーン学団を紹介した人物でもあったが、二人の性格はずいぶん異なっていたようだ。とくに、ライルは生涯独身で成人してからはオックスフォード大学とその近辺で一生を過ごしたのに対し、エアは生涯で4回結婚するなどロンドンを中心に社交的な生活を送っていた。次のエピソードは、その二人の関係を象徴する話のように思われる。

「1958年の秋、ライルはエアを連れて、5年に一度開かれる世界哲学会議に出席するためにヴェニスに向かって車を運転していた。エアは、この旅行がかなり気の張るものだと感じていた。フランスのとくに平坦な地域を車で通過しているさい、エアは何も話すことがなくなり、ライルに『あなたは童貞か』と尋ねた。ライルは無愛想に『そうだ』と答えた。エア『では、仮に誰かと寝ることになったら、男か女か、どちらになりそうですか』。ライル『男だろう、たぶん』。その後、二人は黙ったまま車で旅行を続けた。」

(Rogers, Ben, A. J. Ayer: *A life*, Chatto & Windus, 1999, p.252)

こぼればなし②

エアとマイク・タイソンの共通点

エアは高齢になってもパーティー好きだったようで、次の話は１９８０年代終わり、エアが77歳の頃の逸話である。

エアがニューヨークに滞在中、フェルナンド・サンチェスというファッションデザイナーのマンションで開かれたパーティーに参加していた。サンチェスはランジェリーデザイナーで、当時マンハッタンの中心部のマンションに住んでいた。エアが大きな居間で若いモデルやデザイナーと立ち話をしていると、女性が駆け込んできて、友人の女性が寝室で男性に襲われているから助けに行ってほしいと懇願した。

そこでエアが寝室に様子を見に行くと、当時駆け出しだったイギリス人モデルのナオミ・キャンベルに襲いかかっていたのはマイク・タイソンだった。エアがタイソンにこらこら止めなさいと言うと、タイソンはすごんでこう答えた。「あんたはオレが誰だか知ってるのか？　オレはヘビー級の世界チャンピオンだぞ！」。普通の人ならここで失禁するところだが、エアは動じずにこう応じた。「それなら私は元ウィカム論理学教授だ。私たちはお互いにそれぞれの分野で世界級だと言える。このことについて、理性的な人間として語ろうではないか」。こうしてエアとタイソンは話し始め、その間にナオミ・キャンベルは部屋からこっそり逃げ出したという。

(Rogers, Ben, *A. J. Ayer: A life*, Chatto & Windus, 1999, p.344)

Chapter 5

哲学者のための学校——オックスフォードの哲学教育（1）

10月から新学期が始まった。秋学期は9月末にあるミケルマス祭りにちなんでミケルマス学期と呼ばれる。オックスフォード大学は3学期制だが、それぞれの学期は8週間と短い（ぜひ日本の大学も見習ってほしい）。8週間では十分な講義ができないではないかと言われそうだが、講義はオックスフォード大学にとって本質的ではない。オックスフォード大学の最大の特色は、チュートリアルによる個別指導教育だ。そこで、今回からオックスフォードの哲学教育について話をしてみたい。

◇

オックスフォード大学の哲学教育には大きく二つの特徴がある。一つは、哲学だけに限らないが、個人指導のチュートリアルが教育の中心であること。もう一つは、学部では哲学のみを専攻できないことだ。順に説明しよう。

試験が行われるエグザミネーションスクールズ。オックスフォード大学では，試験はユニヴァーシティの役割，チュートリアルはコレッジの役割というふうに仕事を分けている。

講義ではなくチュートリアルが中心の教育というのは、日本の大学でマス教育を受けた者には想像しにくいが、大学受験の個別指導塾のようなものを考えるとよい。原則として、オックスフォード大学の学部の哲学教育においては講義に出ることは必須ではなく、チューターによるチュートリアルを受けてエッセイを書き、試験に受かることが求められる。[1] 哲学ではチュートリアルは原則として1回1時間、週2回ないし1学期に12回となっており、その間にリーディングリストにある本を読んで卒業までに通常6本のエッセイを書かないといけない。[2]

哲学におけるチュートリアルによる

教育は、哲学的思考を身に付けるには絶大な効果を発揮するようで、オックスフォード大学を卒業した哲学者たちの自伝などでもさまざまに書かれている。ここでは道徳哲学者のR・M・ヘアが1960年頃に書いたおもしろい文章を手短に紹介しておこう。[3]

◇

ヘアは難渋なドイツ哲学と明快なイギリス哲学の違いは教育制度に起因すると述べ、オックスフォード大学の哲学教育におけるチュートリアルの効用を論じている。彼によれば、オックスフォードには60名ほどの哲学教員がおり、その多くは自らの所属するコレッジで20名ほどの学生のチューターをしている。学生は週一度チューターのところに行き、チュートリアルを受ける。1週間前に読むべき本や論文を指示され、その著作で論じられている問題についてエッセイを書いて持ってくる。学生はチュートリアルの最初の15分ほどでそのエッセイを音読し、残りの時間はエッセイの内容について議論する。

チュートリアルを受けた学生は、エッセイに書く一言一句をプロの哲学者の前で正当化しなければならない。チュートリアルを通して、曖昧な言葉や意味のない言葉を使うと厳しく批判されることを知る。こうして学生は、明確で秩序だった文章を書くことを学び、それを通じて自らの思考も明確で秩序だったものになる。

また、ヘアによれば教員もチュートリアルから多くを学ぶ。哲学を学び始めたばかりの学生の一人ひとりに対して、哲学を基礎の基礎から繰り返し説明することが求められる中で、当該の問題をその基礎付けから考える訓練を自然とすることになる。「私は書物から学んだことよりも自分の学生から学んだことのほうが多いと、心から言うことができる」とヘアは書いている。ヘアは学部を卒業したあと大学院に進まずにそのままフェローになったため、実際チュートリアルをしながら哲学を学んだところも大きいのではないかと思われる。ヘアに言わせると、オックスフォードはオックスフォード学派という「哲学の学派（school of philosophy）」というよりも、「哲学者のための学校（school for philosophers）」なのである。

ヘアの写真。哲学科の建物の1階にはオックスフォードの有名な哲学者たちの写真が飾ってある。

というわけで、要するに、チュートリアルの制度があるのがオックスフォード哲学が明快な理由で、チュートリアル制度がないのがドイツ哲学が明快でない理由だというのがヘアの主張であるが、そうするとチュートリアルを教育の中心に据えているオックスフォードやケンブリッジ以外の大学は、みなドイツ哲学と同じ穴の狢《むじな》ということになるだろう。[4]

なお、ヘアによれば、1960年代当時のチューターは学期中は週に10時間から12時間ほどチュートリアルを行い、講義を2時間ほど行っていた。それ以外の時間は、コレッジの運営業務に携わるほかは、基本的に自分の時間になったという。これは学期中の話で、休暇中(3学期、つまり24週間を抜いた28週)は好きなことができた。今はここまで牧歌的ではないようだが、前後期15週ずつ講義があるうえに学内業務で忙殺され、サバティカルにでも出なければ研究も覚束ない現在の日本の大学とはだいぶ様子が違っている。

◇

少し脱線しかけたが、チュートリアルの話に戻ろう。現在、チュートリアルは教員だけでなく院生もできることになっているが、やはり中心になるのは教員である。今日、哲学科の教員数は教授やフェローなどの正規の教員が約60名、さらに任期付きの教員・研究者なども含めると約200名のスタッフがいる。これは世界でもほとんど類を見ない規模の大きさだ。このような数のスタッフがいて初めて、上記のような個別指導のチュートリアルを提供することが可能になる。

もっとも、現在では学部生のチュートリアルは学生2対チューター1、場合によっては3対1で実施することもしばしばあるようだ。一方、ケンブリッジ大学の哲学科では今日でも1対

哲学科が入っている建物（Radcliff Humanities Building）。元々は病院だった。以前はマートンコレッジのそばに哲学科の建物があったが，2012年にこちらに引っ越してきた。

1が原則になっているそうで、ケンブリッジの哲学科卒の某友人は、そこがオックスフォードとは違うところだよと誇らしげに語っていた。

このような巨大な哲学科を支えているのは、哲学を専攻科目の一つにしている学部生、および哲学を専攻している大学院生の大規模な数である。2019年現在、オックスフォード大学で哲学を専攻科目の一つにしている学部生は毎年約1500名おり、大学院生は100名超とされている。[5]

上述のように、学部生はオックスフォードでは哲学だけを学ぶことはできず、他の教科と組み合わせて勉強する必要がある（現在は8つのコースがある)。これも、学部でも哲学のみを専攻できるケンブリッジ大学とは大きな対照をなす点だ。しかし、オックスフォード大学はこの戦略で哲学を専攻する学生数および哲学教員数を増やすことに成功しているように見える。逆に、ケンブリッジ大学の哲学教員は比較的少なく、学生数も同様である。[6]

ここまでオックスフォード大学のチュートリアル制度について話してきたが、もちろん良い話ばかりではなく、チュートリアルの成否はチューターの力量次第だとか、チュートリアルで手取り足取り指導されることで学生の自発性が失われるとか、出来の悪い学生の場合は時間の無駄だといった批判は古くからある。[7] また、哲学に限っても変わったチューターも大勢いたようだ。それについては今後、折に触れて書きたいと思う。

◇

哲学教育を含む学部向けコースとして古くからあるのは、Greats（Mods and Greats）としても知られる、*Literae Humaniores* という古典学のコースである。これは4年間（12学期）のうち最初の2年間（5学期）でラテン語とギリシア語を集中的に学んでModeration（Mods）という名称の試験を受け、それに合格すると残りの2年間（7学期）でギリシア・ローマの歴史および哲学を、現代の哲学者と比較しながら学ぶことになる。その後に卒業試験があるため、学生は二度の試験に備えてチュートリアル（および講義）を受けるという仕組みである。[8]

ヘアが学部生として古典学コースを修了し，その後フェローをしていたベイリオルコレッジ。彼は 1966 年にホワイト道徳哲学教授になってからはコーパスクリスティコレッジに所属した。

20世紀前半のオックスフォード哲学を代表する哲学者のほとんどがこの古典学コースを卒業している（しかもそのほとんどは、その後大学院に行かずに研究者になっている）。たとえば、前出のヘアのほかに、エア、エリザベス・アンスコム、J・L・オースティン、アイザイア・バーリン、ピーター・ギーチ、H・L・A・ハート、バーナード・ウィリアムズ等々だ。このコースを卒業して、古代ギリシア哲学の素地をもっているのが古き良きオックスフォード哲学者たちの特徴であり、また彼らがソクラテス的対話を哲学の議論の理想としている点はいくつかの文献で指摘されている。[9]

ちなみに、ボリス・ジョンソン英国現首相もベイリオルの卒業生であり、古典学コースを修了している。彼はイートン校を卒業し、大学ではオックスフォードユニオンという由緒ある弁論クラブの会長にも選出されたことがあるサラブレッドだ（ただし、会長選は一度目は落選し、二度目の挑戦で選出された）。12月中旬に予定されている総選挙で保守党が勝てば彼が首相に再選され英国のEU離脱が加速すると見られるが、英国民はどういう判断をするだろうか。次章では選挙結果を詳しく解説……しないで、引き続きオックスフォードの哲学教育の話をしたい。

注

［1］ただし、論理学など、一部の科目については講義への出席を求めるものもある。

［2］哲学教育に限らず、オックスフォード大学のチュートリアル制度を全般的に紹介している本として、下記がある。この本は２００８年には中国語にも訳されているようで、英国以外の国での関心の高さが窺える。Palfreyman, D. and J. G. Clark eds., *The Oxford Tutorial: "Thanks, You Taught Me How to Think,"* 2nd edition, Oxford, 2008. また、チュートリアルを含めたオックスフォード教育全般について、次の著作が参考になる。苅谷剛彦『イギリスの大学・ニッポンの大学——カレッジ、チュートリアル、エリート教育』中央公論新社、２０１２年。

［3］Hare, Richard Mervyn, "A School for Philosophers," *Ratio*, Vol.2, No.2, 1960, pp.107-120.

［4］ヘアは上記の論文ではここまであからさまに述べていないが、１９６０年頃に行われた別のインタビューでは、実存主義者や大陸系哲学者が言っていることの意味がわからないのはチュートリアルの制度がないからだろうと述べている。Mehta, Ved, *Fly and the Fly-Bottle: Encounters with British Intellectuals*, Columbia University Press, 1983, p.51.（翻訳、ヴェド・メータ著、河合秀和訳『ハエとハエとり壷——現代イギリスの哲学者と歴史家』みすず書房、１９７０年）

［5］ちなみに、オックスフォード大学全体の学部生と大学院生の数はそれぞれ約1万２０００人弱である。下記のサイトを参照。なお、下記のサイトでは専攻別や国別の留学生の数もわかって参考になる。日本人留学生の少なさが気になるところである。https://www.ox.ac.uk/about/facts-and-figures/student-numbers?wssl=1

［6］下記のサイトを参照。https://www.phil.cam.ac.uk/; https://www.undergraduate.study.cam.ac.uk/apply/statistics

[7] McCallum, R. B., "The Tutorial System at Oxford," *Higher Education Quarterly*, Vol.2, No.1, 1947, pp.26-30. また、前出の下記も参照。*The Oxford Tutorial: "Thanks, You Taught Me How to Think."*
[8] 古典的にはこのようになっているが、現在はギリシア・ローマの文学や考古学なども学べるようになっている。詳しくは下記のサイトを参照。http://www.ox.ac.uk/admissions/undergraduate/courses-listing/classics
[9] 上記のヘアの論文や、Lane Fox, Robin, "Tutorials in Greats and History: The Socratic Method," D. Palfreyman and J. G. Clark eds., *The Oxford Tutorial: "Thanks, You Taught Me How to Think,"* ch.6 など。

こぼればなし③

石黒ひでのチュートリアル体験

石黒ひで（英子）（1931〜　）は、オックスフォード哲学の黄金期に日本から留学して教育を受けた数少ない（おそらくは唯一の）日本人である。彼女は「英国哲学界の動向」という1970年に発表された小文で、「英国の哲学」という括り方は乱暴だとしながらも、オックスフォード哲学について自らの経験を踏まえて次のように述べている。

「英国の哲学に特徴があるとすれば、一つの主義とか学説にあるのでなく、思考態度と方法にある。（……）英国の様に個人教授《チュートリアル》を中心とした大学の哲学部では、はったりが中々利かない。毎週、書いていったものを読んでは、〝これはどうもおかしいじゃないか、説明しなさい〟とか〝この行と次の行とはどうつながっているのかわからない〟と教師に一対一で指摘される時間があると、ごまかしが利かなくなるばかりでなく、自分の曖昧な表現で自分自身が惑わされることが少なくなり、論議が分析的に、対話的になる。」

このようなオックスフォードのチュートリアルに対して、ソルボンヌ大学にも在籍していた石黒は、フランスのマス講義（「大教室で何百人かがノートをこつこつ取る講義」）を対比的に描いている。

「詰まらない講義はどこの国でどんな形式で為されても詰まらないものだが、とくに〝子曰く〟式の授業では講師が詰まらないとどうにもならない。パリでもコレジ・ド・フランスの薄暗い部屋で聞いたメルロー＝ポンティーの講義は面白かったが、大教室の授業はどうにも仕様がないものが多かった。本でも読んでいる方がましなものもある。」

いささか耳の痛くなる話である。とはいえ、石黒はチュートリアル教育の陥穽についても次のように的確に指摘している。

「英国の哲学教師どもは、これこそプラトンの弁証法であり、本来の哲学の姿だと考えるわけだが、その反面、叩かれるのを予想して、人の考えが兎角こまかく、用心深くなって、余程の天才か馬鹿でないと、中々、思い切った、検討ずみでない考えを押し進めなくなる欠点がある。一人よがりや自己催眠を防ぐブレーキは、考えの大きさに対するブレーキともなり、時には、異る伝統のものに対する好奇心のブレーキともなるのだ。丁度茶室の中からは、メキシコ美術の様に強烈で生々しいものは生れて来ない様に、骨董品の長椅子等置いてあるオクスフォードの個人教授《チューター》の教室からは大まかで烈しい思想は生れにくいのである。」

オックスフォードを見習ってチュートリアル制度を導入しようとする大学が日本で現れた場合には、石黒のこの指摘も考慮に入れて制度設計をするべきだろう。

なお、石黒は「アンスコムの行為論」という別の小論では、オックスフォードでB.Phil.（⇒ **Chapter 6**）を専攻しライルやピーター・ストローソンの指導を受けたことに触れたあと、「アンスコム教授にカレッジの個人教授《チューター》として受けた指導は、かけがえのないものであった」と述べ、次のように回顧している。

「すでに四人の子供を育てていたため（私がいるあいだにさらに一人生まれた）、個人教授は、週に一度または二週に一度、彼女が子供との夕食をすませ、小さい子を寝かせてから行われたので、夕方の八時からであった〔注──日本より緯度の高い英国では夏は日が暮れるのが遅いため、8時で夕方のことがある〕。こちらが書いていったものを読んで、熱心に問い詰め、容赦なく論じるその熱意は、いままで教師との接触で、私が経験したことのないもので、これはウィトゲンシュタインの影響かと考えさせられるものだった。一〇時過ぎに帰るとき、デートしている男女の学生が歩道のあちこちにいたことを想い出す。しかし私は、アンスコムに問い詰められた問題や示された疑問、そしてあらためて気づかされたポイントに興奮して自転車を走らせたことを。」

石黒は1961年にB.Phil.を修了したというので、ちょうどアンスコムが『インテンション』(1957)や「現代道徳哲学」(1958)を発表した直後で勢いがあった頃であろう。1970年に書かれた冒頭の小論は、アンスコムたちから受けた個人指導の経験を振り返って書かれたものであったことがわかる。

(石黒英子「英国哲学界の動向」『岩波講座 哲学』月報2、1970年、3~4頁。石黒ひで「アンスコムの行為論」飯田隆編『哲学の歴史11』中央公論新社、2007年、488~492頁)

Chapter 6

ライルの大学院改革――オックスフォードの哲学教育(2)

10月から始まったミケルマス学期は12月第1週で早々に終わり、クリスマス休暇中はコレッジの部屋を空けなければならない学部生は荷物をまとめて帰郷した。トリニティコレッジやベイリオルコレッジが並ぶブロードストリートではクリスマスフェアが行われており、英国の12月は師走というよりクリスマスのプレゼントを買うのに忙しい時期と言えそうだ。

今年（2019年）はクリスマスの2週間前に総選挙があり、さらに慌ただしい。選挙の結果、ボリス・ジョンソン首相の率いる保守党が過半数の議席を獲得したため、EU離脱の動きが加速することになりそうだ。

というわけで、今回は英国の政治と関係の深い話から始めたい。

◇

前章では、ヘアの「オックスフォード大学は哲学者のための学校」だという言葉を紹介した

ブロードストリートのクリスマスフェア。12月上旬から毎日やっている。ちょうどクリスマスツリーの上に満月が出ている。

が、オックスフォード大学は政治家のための学校でもある。第二次世界大戦後15人の英国首相のうち、実に11人がオックスフォード大学出身だ。[1]残りの4人はケンブリッジ大学出身か、というとそうではなく、3人（ウィンストン・チャーチル、ジョン・メイジャーほか）は大学に行っておらず、残り一人（ゴードン・ブラウン）はエディンバラ大学卒業生である。首相に関してはほぼオックスフォード大学の一人勝ちと言ってよい。中でも、数多くの政治家を輩出しているのが有名な哲学・政治学・経済学（PPE: Philosophy, Politics and Economics）というコースである。

オックスフォード大学では第一次世界

大戦終了後に改革が行われ、1920年にPPEコースが開設された。[2] これは元々は、植民地経営も含めた大英帝国の支配者層を育成するために作られたコースと言われる。実際、古くはハロルド・ウィルソンやエドワード・ヒース、最近ではデヴィッド・キャメロンなどの英国首相がこのコースを修了しており、またミャンマーのアウンサン・スーチーやメディア王のルパート・マードックなど、卒業生は錚々たる顔ぶれである。[3] 現在でも人気のあるコースで、毎年700名以上の学生がこのコースに入っている。

実は、PPEの最初の卒業生の一人はライルであった。ライルはすでに前章で紹介した古典学コースを優秀な成績で終えていたが、模範を示すために1年間でこのコースを修了した。[4] ほかにもフィリッパ・フットやピーター・ストローソンなどの哲学者がPPEコースを修了している。

オックスフォードはPPEコースの成功で味をしめたのか、第二次世界大戦後には哲学・心理学・生理学コース（1949年開設）、哲学・数学コース（同1970年）、哲学・物理学コース（同1971年）、哲学・心理学コース（同1972年）などの学部生用のコースを次々に作った。そのため、現在は学部の8つのコースに哲学が含まれている。ただし、前章で指摘したように、学部で哲学だけを学ぶことはできない。

ところで、PPEコースを最初に作ったのはオックスフォード大学だが、その成功を受け、

オックスフォードユニオンの建物。政治家を目指す学生の多くはここで弁論術を鍛えると同時に，政界に出てから必要な人脈を築く。PPE コースと共に政治家育成に重要な役割を果たしているが，オックスフォード卒のエリート政治家が多い現状を問題視する声もある。

米国をはじめ世界中の大学で似たようなコースが作られている。あまり専門化しすぎず、ジェネラリストを養成するという発想が受けているようだ。

日本では早稲田大学や明治大学などに政治経済学部があるが、なぜか哲学が抜け落ちている。[5] 日本では哲学者がふがいないから抜け落ちたのか、あるいは抜け落ちているから哲学者が育たないのか。哲学は一般に論理的分析力や健全な批判的精神を身に付けるのに役立つが、それだけではない。政治哲学者のジョナサン・ウルフは、オックスフォードで哲学を学んだ学生が官僚や政治家になることで、ヘアの功利主義やロールズの正義論が徐々に公共政策に反映されていったと述べている。[6]「日本の政治家には哲学がない」と言われないためにも、ぜひ日本でも「哲」政経学部あるいは哲政経専攻を設立してもらいたい。

◇

ライルは戦後の大学院改革にも大きな役割を果たした。[7] 1945年にライルがウェインフリート形而上学教授になってすぐに着手したのが、B.Phil.（Bachelor of Philosophy）の学位創設だ。B.Phil.は、その名称からすると学士号のコースのように聞こえるが、2年間の大学院コースであり、実質は哲学の修士課程である。

ライルの親友だった哲学者のジョン・マボットによると、戦前のオックスフォードでは大学院で哲学を研究しようとすると、博士課程（D.Phil.）しかなかった。だが、D.Phil.に入ってしまうと、一人の指導教員の下で「マルブランシュがヒュームに与えた影響について」のような思想史的テーマについて博士論文を書くような勉強しかできず、現代の哲学的問題を勉強したり、哲学のいろいろなセミナーに出て他の院生と議論したりする機会が得られなかった。

実際に博士課程に入ったマボットの不満を聞いていたライルは、おそらくは複数の科目を並行して勉強するPPEコースで自身が学んだ経験も踏まえて、2年の間に3つの哲学上のトピックをチューターの指導の下で勉強して論文（essay）を書き、最後に博論と比べて短めの論文（thesis）を書くというB.Phil.コースを構想し、１９４６年から募集を開始した。[8]
博論と比べて短めの論文にしたのは、ライルがD.Phil.修了後に博論を出版する慣習に批判的だったからだ。ライルは、「若いうちに長くて出来の悪い本を書くよりも、年を取ってから短くて出来の良い本を書いたほうがよい」と考えていた。[9] 実際、ライルが最初の単著（『心の概念』）を出すのは１９４９年の49歳のときで、途中に兵役があったとはいえ、かなり遅い。これはライルの教え子であるエアが20代半ばのときにさっさと『言語・真理・論理』（１９３６）を出したのとは対照的である。もっとも、エアの本はその出来はともかく非常に短い本なので、若いうちに短い本を書くことをライルがどう評価したかはわからない。

◇

ライルがマボットと相談して作ったB.Phil.は大成功を収めることになる。オックスフォード大学のB.Phil.は英国だけでなく米国や豪州からも大勢の学生を受け入れることになり、その中にはJ・J・C・スマートやマリー・ウォーノック、トマス・ネーゲル、ジェリー・コーエン、ピーター・シンガーなどが含まれていた。
B.Phil.ができた当初は、B.Phil.かD.Phil.のいずれかを取るという選択で、現在のようにB.Phil.を取ってから次にD.Phil.に進むというものではなかったようだ。たとえば１９４０年代の終わりに大学院に進んだマリー・ミジリーは、B.Phil.は論理実証主義に影響を受けすぎ

シンガーが所属したユニヴァーシティコレッジ。彼はオックスフォードにいる間に飢餓救済や動物解放の思想の基本的な部分を作り上げた（⇒ **Chapter 28**）。

ており、また哲学史を軽んじているとして、長ければ7年かかる可能性のあるD.Phil.を選んだという。[10] しかし、結局ミジリーは途中で博士課程を辞めている。

1969年に豪州から渡英してB.Phil.コースに入学したピーター・シンガーは、メルボルン大学ですでに哲学修士号を取っていたが、哲学教員になるならオックスフォードのB.Phil.がD.Phil.よりもずっと良いという評判を聞き、B.Phil.を選んだという。ちなみにシンガーは、倫理学、政治哲学、マルクスとヘーゲル、という3つのテーマを選んで勉強し、最後の論文では市民的不服従の問題を扱った。市民的不服従の論文は、審査に関わったH・L・A・ハートの勧めもあり、2年後に本として出版された。[11]

時代が前後するが、１９４８年の秋から1年間でB.Phil.を終えたマリー・ウォーノックは、１９５２年のオックスフォード哲学の状況について、大学院のB.Phil.および学部のＰＰＥの成功のおかげで、哲学者が大いに増え活況を呈していたと述べている。[12] その頂点にいたのはライルとＪ・Ｌ・オースティンだが、若きチューターたちによるセミナーも開催され、オックスフォード大学は「哲学者の学校」として黄金期を迎えつつあった。ジョン・ロールズがフルブライト奨学金でオックスフォードに来てハートの授業に出たり、アイザイア・バーリンとスチュアート・ハンプシャーが共同で開いていたセミナーに出席したりしていたのもこの時期である。[13]

現在のライル・ルームの入口。

ライルは20世紀のオックスフォード哲学の礎を築いた功績を讃えられ、哲学科にはライル・ルームというセミナー室が作られている。

ちょうどオースティンの名前が出てきたので、次は彼の話をしよう。

注

[1] Kuper, Simon, "How Oxford University Shaped Brexit - and Britain's next Prime Minister," *Financial Times*, 21 July 2019, pp.1-15, https://www.ft.com/content/85fc694c-9222-11e9-b7ea-60e35ef678d2

[2] 前章で紹介した古典学コース（Greats）と対照的に、近現代の哲学・政治学・経済学の古典を学ぶため、当初はModern Greatsと呼ばれた。

[3] ビル・クリントン元米国大統領も若いときにオックスフォードに留学に来てＰＰＥを専攻したが、卒業しなかった。なお、ＰＰＥ卒業ではないオックスフォード大学出身の首相としては、マーガレット・サッチャー（化学）、トニー・ブレア（法学）、テレーザ・メイ（地理学）などがいる。ＰＰＥについては前出の記事のほか、下記の記事が参考になる。Beckett, Andy, "PPE: The Oxford Degree That Runs Britain," *The Guardian*, 23 February 2017.

[4] Strawson, Peter, "Ryle, Gilbert," *Oxford Dictionary of National Biography*, 2004.

[5] 英語版Wikipediaの「Philosophy, politics and economics」にはＰＰＥを提供している大学として、日本では早稲田大学のみ載っている。早稲田大学の政治経済学部の教育理念には「本学部の教育の根本をなす学問理念は、"Philosophy, Politics, and Economics"に集約されます」とあるが、残念ながらその理念は学部名には反映されていないようだ。https://www.waseda.jp/fpse/pse/about/3policy/

[6] Baggini, Julian and Jeremy Stangroom eds., *New British Philosophy: The Interviews*, Routledge, 2002, p.49.

[7] 以下のB.Phil.創設についての話は、主に下記を参照した。Mabbott, J. D., "Gilbert Ryle ... : Address given by Mr. J. D. Mabbott ... Saturday 27 November 1976," 1976; Strawson, Peter, "Ryle, Gilbert," *Oxford Dictionary of National Biography*, 2004; Owen, G. E. L., "Gilbert Ryle," *Proceedings of the*

Aristotelian Society, Vol.77, 1976, pp.265-270.

［8］現在は2年間に、理論哲学（形而上学や認識論など）、実践哲学（フェミニズムや倫理学など）、哲学史のトピックの中から少なくとも5つのテーマを選んで6つの5000語以内の論文を書き、最後に3万語以内の論文を書く必要がある。

［9］Williams, Bernard, "Ryle Remembered," *The London Review*, 1979.

［10］Midgley, Mary, *The Owl of Minerva: A Memoir*, Routledge, 2005, p.156. なお、夫のジェフリー・ミジリーはPPE修了後、B.Phil. を取ってさっさとニューキャッスル大学の哲学科に就職した。

［11］Singer, Peter, *Democracy and Disobedience*, Clarendon Press, 1973.

［12］Warnock, Mary, *A Memoir*, Gerald Duckworth & Co., 2000, pp.14, 17. ウォーノックは、事情でB.Phil. を1年で修了する必要があったこともあり、夫のジェフリー（彼も哲学者である）に論文をほとんど書いてもらったと自伝の中で正直に書いている。

［13］Pogge, Thomas, *John Rawls: His Life and Theory of Justice*, Oxford University Press, 2007, ch.1.

Chapter 7

どのオースティン？

気づいたらもうすぐ帰国である。あっという間の1年間だった。ミケルマス学期（秋学期）は日が毎日短くなって陰鬱で、年が明けてまもなくヒラリー学期が始まったが、しばらく〆切やら報告準備やらに追われていたため、授業にも出られず、本書の執筆も前回からすっかり間が空いてしまった。

その間に英国はＥＵを離脱（Brexit）してしまい、現在は新型コロナウイルスの脅威が英国にも日々迫っている。いっそのことオックスフォードもイタリアのように都市封鎖をしてくれたら、帰国せずにすむのだが。いやいや、そのような不謹慎なことを考えてはいけない。英国から泳いででも帰国して、４月から元どおり働かなければ。[1]

それはともかく、今回はオースティンの話をしたい。

◇

2月末くらいから水仙がそこら中に咲いている。

さて、オースティンと言ってもいろいろなオースティンがいる。ライルが好きだった文学者のジェーン・オースティンもいれば、ジェレミー・ベンタム（ベンサム）の弟子の法哲学者のJ・オースティンもいるのでややこしい。今回の主役は日常言語学派のJ・L・オースティン（John Langshaw Austin）である。[2]

このオースティンの思想について賢明な読者に詳しく説明する必要はないと思うが、彼はライルと並ぶ戦後のオックスフォード哲学の中心人物として、その隆盛を生み出した人物である。日常言語の分析を通じて、一方ではエアのような論理実証主義者たちが唱えていたセンスデータ論を徹底的に批判し、他方では言語は何かを述べるだけで

哲学科の吹き抜けの廊下にあるオースティンの写真。あまり良い写真がないのか，大きな額縁の中に小じんまりとした写真が収められている。

なく何かを行うという役割もあるとして、言語行為論の土台を作った人物でもある。

しかし、そういう専門的な話はほどほどにして、ここで話したいのはオースティンがオックスフォードの他の哲学者たちとどういう関係にあったのかである。そこでまず伝記的な話を少ししておこう。[3]

オースティンは１９１１年生まれで、エアが１９１０年生まれ、アイザイア・バーリンが１９０９年生まれのため、このあたりの連中が１９１０年組である。１９０７年生まれのＨ・Ｌ・Ａ・ハートや１９１４年生まれのスチュアート・ハンプシャーもこの組に入る。それに対して、ライルは１９００年生まれで、Ｒ・Ｍ・ヘアやピーター・ストローソンやエリザベス・アンスコムら女性４人組は１９１９年生まれなので、約10年ずつずれている点が彼らの師弟関係や交友関係などを考えるうえでは重要である。

オースティンは学部ではオックスフォード大学のベイリオルコレッジで古典学を学び、卒業後はオールソウルズコレッジの超難関の試験を受けてフェローシップを獲得した。これが１９

33年のことである。その前年の1932年には、エアとバーリンがこの試験を受けたが、エアは落ちてバーリンは合格している。[4] オースティンはここでバーリンと仲良くなったが、2年後の1935年にはモードレンコレッジのフェローになる。バーリンは、1936年に、オースティンと共同でオールソウルズで学部向けの授業を開講したときの思い出を次のように述懐している。

私は共同の授業というのはどのように行うのかまったく理解しておらず、おそらく二人の講師がテキストに述べられている点について対話することから始めるのだろうと思っていた。そしてその対話においては、当時の〔オックスフォードの〕フェローたちの哲学的議論においてよく見られたほとんど過剰なまでの礼儀をお互いに示すのだろう、と。オースティンは授業の最初に、私にテーゼを説明するように言った。私は、具体的で知覚可能な特質——ルイス〔授業のテキストとして使っていたC. I. Lewis の *Mind and the World Order*〕がクオリアと呼んでいたもの——についてのルイスの主張を選び、自分の思うところを述べた。オースティンは私を厳しく睨みつけ、「すまないがもう一度言ってくれないか」と言った。私はそうした。すると、オースティンはゆっくりと言った、「私が思うに、君が今言ったことは、まったくのナンセンスだ」。そこで私は気づいた。これは礼儀正しいシャドーフェンシングなどではなく、死ぬ

左側がラドクリフカメラ（ボドリアン図書館の一部），正面がオールソウルズコレッジ。戦後，バーリンはこのコレッジで，後にチャールズ・テイラーやG. A. コーエンが務めたことでも知られるチチリ社会・政治理論教授になる。

まで闘うのだ――つまり、この場合、私が死ぬまで闘うのだ、と。[5]

オースティンはバーリンに対してだけでなく、学生にも容赦ない。バーリンの記述はおもしろいのでもう少し引用しよう。

オースティンは学生たちに質問を投げかけた。もし、恐怖によって石化しているために誰も発言しないと、オースティンは長くて細い指をまっすぐ伸ばして、1分ほどその指を前後にゆっくりゆらゆらさせたあと、ピストルの銃口のように突然前に突き出し、任意に選んだ学生を指して、大きな神経質な声でこう言った。「君、答えなさい！」。犠牲者は、ときどき、恐ろしすぎて声を出せなかった。オースティンはそれに気づくと、自分で答えを述べ、また元のように議論に戻るのだった。[6]

読むだけで失禁しそうになる内容だが、それでも学生数の減らない人気の授業だったようで、バーリンによればおそらくこれが哲学科の授業で現代の哲学者を扱う最初のものであり、また自分の参加した最も良い授業だったという。

さて、オースティンは１９４０年から45年までは兵役を務め、最初は英国諜報部でとくにノルマンディ上陸作戦のときの情報戦で活躍し、後に連合国遠征軍最高司令部に異動して中佐にまでなったという。実務的な能力が高かったようで、戦後にオックスフォードに戻ったあと大学本部や大学出版局などでも行政手腕を振るった。

１９５２年にホワイト道徳哲学教授に選出されたオースティンは、名実ともにオックスフォード哲学を牽引する人物になる。戦後のオックスフォード哲学の制度的基盤であるB.Phil.を作って若い哲学者たちをフェローとして集めたのがライルだとすると、オースティンはオックスフォード大学の中心で、そのフェローたちを率いて戦後のオックスフォード哲学の興隆を築いた人物と言える。

オックスフォード大学出版局の城のような建物。大学出版社としては世界最大とのこと。私もせっせと本を買うことで貢献している。

しかし、栄華は長く続かない。オースティンは1950年代にオックスフォード哲学の黄金期を作り上げたあと、1960年に肺がんで急死してしまう。因果関係はもちろん不明だが、彼はセミナー中もパイプを手放さない喫煙者だったようだ。

◇

戦前にすでに本を数冊出していた同世代のエアと違って、オースティンは寡作だったことで知られる。彼が生きている間に公刊された著作は、翻訳や書評などを除けば論文7本のみだった。オースティンの弟子の一人のジェフリー・ウォーノック（マリー・ウォーノックの夫）は、こう述べている。

オースティンは本当にとても不幸な人だった。彼は自分があまり物を書いていないことを気に病んでいた。（……）もちろん彼はたくさんの本を読んでおり、彼の読んだ本はどれも余白にメモや問いや非難の言葉が記されていた。彼が1955年にハーバード大学に行ってウィリアム・ジェイムズ講義をしたとき、彼はハーバードの人々を驚かせた。彼は何も本を書いていなかったので、学者の価値を本の厚さで評価するハーバードの人々は、彼の講義は内容の薄いものになるだろうと決め込んでいたのだ。初回の講義から、彼らはオースティンの読書量がはんぱでないことに気づいた。[7]

この講義は、オースティンの死後に *How to do things with words* という題名で弟子のアームソンの編集により1962年に出版された。ウォーノックの述懐が収められた上述の本の中で、オースティンはパウロなきイエスだという記述があるが、実際にはオースティンは弟子に恵まれ、没後に出た3冊の本によってその後の哲学に大きな影響力を与えたと言える。

ちなみに、上記の本は日本では『言語と行為』という題名で訳されており、最近新訳も出た（講談社学術文庫、2019年）。この新訳の訳者解説には詳しい伝記的情報があり、また、オースティンの言語行為論のその後の影響なども書いてあるので、関心のある読者には一読を勧める。ここまで書いた伝記は、その記述とはなるべく重ならないように書いたつもりである。

◇

このようにオースティンは死後の講義録などで没後世界的に有名になるわけだが、その講義の基になったのはオックスフォード大学の他の哲学教員たちとの議論であり、その主な舞台は戦前には「木曜夜の研究会」、戦後は「土曜朝の研究会」であった。

次章からはこの二つの研究会の様子について素描したいと思う。

注

［1］実際には2020年3月23日から英国は全土ロックダウンになった。幸い私と家族は当初の予定どおり3月17日の便で帰国したため、泳いで帰国する必要はなかった。

［2］ちなみにJ・L・オースティンの没後に出された *Sense and Sensibilia*（邦訳では『知覚の言語』で、内容はエアのセンスデータ論批判）のタイトルは、文学者のオースティンの *Sense and Sensibility*（邦訳は『分別と多感』）のパロディになっている。Austin, J. L., Warnock, G. J., *Sense and Sensibilia*, Oxford University Press, 1962.（翻訳、J・L・オースティン著、丹治信春／守屋唱進訳『知覚の言語――センスとセンシビリア』勁草書房、1984年）

［3］以下の記述は主に下記を参考にした。Hacker, P. M. S., "Austin, John Langshaw (1911-1960), Philosopher," *Oxford Dictionary of National Biography*, Oxford University Press, 2004.

［4］Ayer, A. J., *Part of My Life*, William Collins Sons & Co., 1977, p.125.

［5］Berlin, Isaiah, "Austin and the Early Beginnings of Oxford Philosophy," Isaiah Berlin and others eds., *Essays on J. L. Austin*, Clarendon Press, 1973, pp.7-8.

［6］*Op. cit.*, p.8.

［7］Mehta, Ved, *Fly and the Fly-Bottle: Encounters with British Intellectuals*, Columbia University Press, 1983, pp.62-63.（翻訳、ヴェド・メータ著、河合秀和訳『ハエとハエとり壷――現代イギリスの哲学者と歴史家』みすず書房、1970年）なお、ウォーノックによると、オースティンはマイクに向かって話すのが苦手で、バーリンと違ってラジオやテレビにも出なかったようで、ウォーノックはこれも彼の不幸の原因だったと述べている（p.63）。オースティンの写真が少ないのもそのせいかもしれない。

こぼればなし④

オースティンの求婚

オースティンは、当時サマヴィルコレッジの学部生で、エリザベス・アンスコムの友人であったジーン・クーツと彼女の卒業前に結婚したが、次のように求婚したそうだ。

ジーン・クーツは1940年にオースティンが開講していたアリストテレスの授業に出席した。その授業は学生はあまりいなかったようだが、初回の授業から4日後に、彼女はオースティンから明らかに新しいハンカチと次の手紙を受け取った。

「1940年6月18日
親愛なるミス・クーツへ、
もしかしたらこれはあなたのハンカチですか。先週金曜日に私の部屋のソファに落ちていました。ただ、ハンカチの名前はあなたのものではありません。誤解かもしれませんね。
草々
ジョン・オースティン」

その後、ジーン・クーツは次の半年間にオースティンから少なくとも三度の求婚を受け、彼女はついに受け入れたという。コレッジの特例で卒業試験前に結婚が許され、卒業試験のときには第一子を妊娠していたそうである。その後、二人は４人の子どもと幸せに暮らしたという。

(Mac Cumhaill, C. and R. Wiseman, *op. cit.*, p.21; Hacker, P. M. S., “Austin, John Langshaw (1911-1960), Philosopher,” *Oxford Dictionary of National Biography*, Oxford University Press, 2004)

Chapter 8

仲間に噛みつく猟犬――オースティンの二つの研究会(1)

ヒラリー学期も3月中旬で終わり、オックスフォード大学は約1か月半の春休みに入った。オックスフォード大学でも新型コロナウイルスの感染者が出ており、一部の教員や学生は自宅隔離になっていると聞く。日本では緊急事態宣言などというと戦争の悪い記憶が甦るため拒否反応があるようだが、イギリスは戦争のときの"Keep Calm and Carry On"(落ち着いて自分のやるべきことをせよ)の標語も持ち出されて、何とか乗り切ろうとしている。

ところで、今回の新型コロナウイルス騒動で、ようやくイギリス人も手を洗う習慣を身に付けつつあるようだ。英国では現在、「ハッピーバースデー」の歌を2回分歌いながらお湯で20秒間の手洗いをすることが奨励されているが、私の娘は(オックスフォードにいたとき)先日初めて小学校で昼食前に手を洗ったと言っていたし、オックスフォード大学の某有名男性教授は「なぜ女性があれほどハンドクリームにこだわりが強いのかよくわかった。私と違って女性はきっちり手を洗っているからのようだ」とツイートしていた。

また、大学のトイレの洗面所の多くはお湯の蛇口と水の蛇口が分かれているのだが、お湯といっても熱湯が出るため、20秒間手を洗おうとして火傷をしたと事務員に文句を言っている人を先日見かけた。この人もおそらく今までまともに手洗いをしたことがなかったのだろう。

◇

さて、前章で戦前にJ・L・オースティンがバーリンと一緒に授業をしていたことを記したが、もう一つオースティンがバーリンとしていたのは、研究会である。今回はその話をしよう。

私のいる某センターの入口にもハンドサニタイザー(写真右)が置かれるようになった。

大学関係者でないと研究会とは何かわかりにくいかもしれないが、少なくとも人文系の研究者にとっては、研究会というのは非常に重要な場所である。学会（の年次大会）というのは基本的に完成した原稿を用意して発表をする場所であるが、研究会というのは個人の私的な思索と公的な発表の場である学会や学術誌の中間に位置するもので、比較的親しい人たちの間で自分の思索を発表して洗練ないし熟成させる場だと言える。

　こういう場を持たずに、個人の思索をいきなり学会で発表したり、論文や本として公刊したりすると、練られていない内容を公にしてしまって、あとで恥ずかしい思いをすることになりかねない。学生の間は卒論・修論等の演習があるが、一度研究者になると、このような研究会を持てるかどうかでだいぶ研究人生が変わってくることになる。研究会の参加や運営は昨今の大学評価ではまったく評価の対象にはならないが、質の高い研究を生み出すプロセスにおいて重要な役割を果たしていると言える。

　さて、日本では、昨今の研究会は基本的に誰でも歓迎というところも多いように思うが、オックスフォードやケンブリッジでよく知られているものは、クローズドのものが多い。バートランド・ラッセルやG・E・ムーアなどが参加していた有名なケンブリッジの「使徒の会(The Apostles)」もそうだし、オースティンとバーリンの「木曜夜の研究会」や、オースティンによる戦後の「土曜朝の研究会」もそうである。研究会をクローズドにするのは、そうでないと自由闊達な議論ができない場合があるからだろう。とはいえ、クローズドにすると、同じ意見を持った仲間同士のため批判的視点が不足しがちになるなど、悪いところもあるように思われる。どのようにすれば研究会をバランスよく運営できるかは、研究者にとって永遠の課題であろう。

手前がオールソウルズ，奥はユニヴァーシティチャーチ。お金を払えば尖塔に登れる。

話がやや脱線したが、オースティンが戦前に実施していた「木曜夜の研究会」については研究会に参加していたバーリンが詳しく書いているので、少しその様子を紹介してみたい。

◇

バーリンの記憶では、研究会は1937年の春から1939年の夏まで、オールソウルズのバーリンの部屋で、学期中の木曜日の夕食後に開かれた。主な参加者は、オースティンとバーリンのほか、エア、スチュアート・ハンプシャー、ドナルド・マッキノンなど、オックスフォードで哲学を教えていたりフェローをしたりしていた者7名である。研究会はインフォーマルなもので、とくに事前に何を話すかは決めていなかった。主なテーマは知覚の理論（認識論）、アプリオリな真理、反実仮想文の検証と論理的性格の問題、自己同一性の問題の4つだったという。

オースティンはエアの『言語・真理・論理』（1936）を読んで最初は誉めていたが、この研究会では手厳しく批判した。とりわけエアと論争になったのが知覚の議論であり、具体的にはセンスデータ論である。これはエアが標榜していた「検証できない文は無意味だ」とする論理実証主義と密接に結びついた理論であるが、教科書的に説明すると、我々の意識にデータ（与件）として与えられる感覚がセンスデータであり、エアやラッセルらがとっていた現象主義（phenomenalism）は、我々は実在する椅子などの物的対象を直接知覚するという素朴な実在論を批判し、「センス・データこそ知覚の対象であると考え、物的対象に対するその先行性を主張し、物的対象は、規則的に現象してくるセンス・データからの論理的構築物にほかならないと考える立場」[1]である。

オースティンはセンスデータの単位を問題にして、たとえば虎の毛皮のように7本の黄色と黒の縞を目にした場合、それは7つの黄色の縞のデータと黒の縞のデータからなるのか、あるいはひとまとめのデータなのかということを問題にした。つまりセンスデータの数え方、最小単位は何なのかという問題である。また、センスデータの平均的なサイズや平均的な寿命はどれくらいかとか、それは観察者によっても変わるのか、といった細かい質問をしてエアを苦しめたようだ。

エアは知覚に関する現象主義がだめだとしたらほかにどのような選択肢が残るのか、とオースティンに詰め寄ったが、「他人が出した解決策にドリルで穴を開けるのが好きな」オースティンは代替案を出さなかった。そこでエアはオースティンに対して次のように捨て台詞を吐いた。

君はまるで、自分では走りたくない猟犬、しかも他の犬たちに噛みついて彼らも走れなくさせてしまう猟犬のようだ。[2]

エアも彼の自伝で、このように言ったことをバーリンに指摘されたと書いているが、その後に付け加えて、「後年、オースティンは、控えめなスピードで仲間を率いる〔猟犬の〕リーダーになり、日常言語の研究という袋小路に入ってしまったが、彼の牙は決して鋭さを失わなかった」[3]と述べている。誉めているのかけなしているのかわからない一文である。

いずれにせよ、このような形でオースティンはエアの論理実証主義を執拗に批判するようになり、その批判の手段として日常言語への注目を深めていくことになる。バーリンの言葉でいえばこうである。

当時の、またその後のオースティンの考えでは、意味の種類や区別はしばしば日常言語に反映されていた。日常言語は不可謬のガイドではない。それはせいぜい、言語を用いて記述（……）される主題における区別の方向性を指し示すものでしかない。こうした重要な区別は、白か黒か〔という極端な〕哲学によって提出される明快な二分法によっては忘れられる傾向にあった。そしてこうした哲学は、何が存在するかや、人が何を意味しているかについて、受け入れられない教義をもたらすのである。[4]

訳してみると何だかわかりにくいが、要するに日常言語に見られる多様な区別を分析するという手法で、単純化されがちな哲学の議論を批判するという姿勢である。これが「オックスフォード流分析」として戦後に発展していくことになる哲学のアプローチである。とくにオースティンは、命題は分析的か経験的でなければナンセンスだという論理実証主義を超えて、戦後に言語行為論を発展させていくことになる。

◇

オースティンはこの研究会での議論を発展させ、前章で述べたように *Sense and Sensibilia*（1962）でエアのセンスデータ論を批判している。この本が出たことで、センスデータ論は葬り去られたという認識が哲学界に拡がったが、エアはこれを苦々しく思っていたようで、後にオックスフォード大学に戻ってきてから「オースティンはセンスデータ論を葬ったのか」という論文を公刊したが、それはオースティンが死んだあとの1967年のことだった。[5]

バーリンによれば、このように「エアは抗い難いミサイルのように、オースティンは不動の障害物のように」常に衝突していたが、研究会はみなが顔見知りの小さな集会であったため、自由闊達に議論したそうで、彼は「振り返ってみると、私が出席したものの中で最も実りの多い哲学的議論だったように思われる」と述べている。[6]

ただ、問題は、「当時のオックスフォード哲学全般」の欠点として、この研究会での内容がほとんど公表されなかったことである。「我々は魔法のサークル――この場合はオックスフォード、ケンブリッジ、ウィーン――の外側にいるいかなる人も、我々に教えるべきことを何ら持たないと考えていた」ため、自分たちの周りにいる人々の間だけで合意が取れればそれでよいと考えていたのだ。[7] その結果、そのサークルの外にいる人々からすると、戦後、突如オックスフォード哲学がどこからともなく現れてきたように見えることになった。

話がすっかり長くなったので、オースティンのもう一つの研究会については次章に回すことにしたい。

注

［1］信原幸弘編『ワードマップ心の哲学――新時代の心の科学をめぐる哲学の問い』新曜社、2017年、17頁。

［2］Berlin, Isaiah, "Austin and the Early Beginnings of Oxford Philosophy," Isaiah Berlin and others eds., *Essays on J. L. Austin*, Clarendon Press, 1973, p.10.

［3］Ayer, A. J., *Part of My Life*, William Collins Sons & Co., 1977, p.160.

［4］*Op. cit.*, pp.13-14.

［5］Ayer, A. J., "Has Austin Refuted the Sense-Datum Theory?" *Synthese*, Vol.17, No.2, 1967, pp.117-140. なお、エアは1940年から第二次世界大戦中は秘密情報部のMI6などで活動したあと、戦後は1946年から59年までユニヴァーシティコレッジロンドン（UCL）で教授を務め、その後オックスフォード大学のウィカム論理学教授のポストに就任した。

［6］*Op. cit.*, p.16 and p.9.

［7］*Op. cit.*, p.16.

Chapter 9

哲学の生じる場 ―― オースティンの二つの研究会（2）

ブライアン・マギーといえば、オックスフォード大学出身の哲学者兼政治家であり、ＢＢＣ（英国放送協会）で哲学番組の司会者をしていたことでも有名な人物だが、つい昨年亡くなっている（１９３０〜２０１９）。彼の自伝は学生時代の男女関係などが赤裸々に語られていておもしろいが、オックスフォード哲学との関係では、彼がキーブルコレッジの学部生としてまだ哲学の勉強をしていなかった頃の話がおもしろい。これは１９３０年生まれの彼が数年間の兵役を終えて学生になったばかりの、１９４９年頃の話である。

彼がキーブルのダイニングホールで食事をしているとき、ロン・アトキンソンという名の先輩にオックスフォードの日常言語哲学を教えてもらった。日常言語哲学で常に問われる問いは、「我々はこの言葉を通常どのような仕方で使うのか？　どのような状況で人は実際にかくかくしかじかと言うだろうか？」であった。重要なことは、人々が日常で使わないような文章であ

キーブルコレッジのダイニングホール。クライストチャーチのものよりもさらに大きい。

マギーの何冊かある自伝のうち，オックスフォード時代について書かれているもの。彼の著作は当時の有名な哲学者たちのインタビュー集である『哲学の現在』など，いくつか翻訳されている。

れば、その文章の意味を問うことは無意味な問いだということである。

先輩のロンの意見では、マギーはまだ哲学者たちの思想の知識によって汚染されていないため、そのような問いについて歪みのない、それゆえ有用な答えを与えられる存在だった。マギーにとっては、ロンとの長い、白熱する議論が、言語哲学と、言語哲学者が反旗を翻しつつあった論理実証主義への入門であったという[1]。

この日常言語哲学の中心にいたのがJ・L・オースティンであり、その思想が生み出されていた場が「土曜朝の研究会」である。

◇

戦前の「木曜夜の研究会」に比べると、戦後の1950年代に開催された「土曜朝の研究会（Saturday Mornings）」はよく知られている。研究会に参加していたG・J・ウォーノックがまさに「土曜朝の研究会」という論文を書いているので、それを中心に紹介しよう。

ただし、最初に述べておくと、この論文は基本的にオースティンの愛弟子による師匠礼賛の文章である。ウォーノックは、この研究会では、「哲学が語られたり、教えられたり、学ばれたりするのではなく、哲学がなされ、哲学がその時その場で実際に生じていたのであった」[2]と述べているが、ウォーノックはもうだいぶ前のことだったので何がそんなに良かったのか思い出せないとも書いており、実際、何がおもしろかったのかは（少なくとも私には）よくわからない内容になっている。録音されなかった「伝説のライブ」のようなもので、いくら説明してもらってもその場にいなかった人にはわからないということかもしれない[3]。

さて、ウォーノックによると、毎学期の初めにオースティンから小さな招待状が来て、招待状には「土曜朝の研究会」の開始時刻と場所だけが記してあった。時間は通常10時半から13時までで、クローズドの研究会であるものの、出入りは自由、ほかに予定があれば欠席も自由。当時は哲学科の建物がなかったため、ベイリオルやトリニティなどのコレッジの、どこか空いている部屋を使っていたようだ。オースティンが一番気に入っていたのは、一流企業の会議室のようなセントジョンズの部屋だった。

参加者はスチュアート・ハンプシャー（彼は「木曜夜の研究会」にも参加していた）、R・M・ヘア、H・L・A・ハート、P・ノーウェル＝スミス、ピーター・ストローソン、J・O・アームソン、ウォーノックなどである。「木曜夜の研究会」は基本的にオースティンの同世代だったが、土曜の研究会は年下の若手哲学教員が多かった。前章で述べたように、エアはすでにロンドンで教授になっていた。また、年上のライルは教授だからという理由で招待されなかった。ライルは短い自伝の中で、自分がオースティンの「土曜朝の研究会」に招かれなかったこと、オースティンとは哲学の話をほとんどしなかったため、この研究会の存在は知っていたが、彼の死後に本が出るまで彼の思想をあまり知らなかったことを記している。[4]

戦前の「木曜夜の研究会」と同様、「土曜朝の研究会」も、誰か発表者を決めて発表や質疑をするものではなく、自由に議論していたとのことだが、前日の金曜日には哲学科の研究会があったため、その報告が話題になることもあったそうだ。また、テキストを決めて読み進めることもしていたという。たとえば、アリストテレスの『ニコマコス倫理学』とウィトゲンシュタインの『哲学探究』はよく読まれたようだが、ほかにもフレーゲの『算術の基礎』、チョムスキーの『統辞構造論』、メルロ＝ポンティの『知覚の現象学』などが読まれた。とはいえ、段落や章を単位とするのではなく、最初から一文ずつじっくりと読むため、本一冊を読み終えることはなかった。

また、日常言語学派的な探究をするときもあったようで、「傾向性（disposition）」の同義語をリストアップしてからその相同を議論したり、「使用（use）」とか「道具（tool）」などについても同じような議論をしたりしていた。[5] ウォーノックはこの作業が楽しくて仕方なかったと回顧しており、日常言語における精妙な区別を発見しては感動していたという。

エアとオースティンの衝突が目立った「木曜夜の研究会」と異なり、「土曜朝の研究会」では、哲学にありがちなグラディエーター的な衝突はなく、むしろ協力的で合意に到達することが重視されていたという。当然ながらオースティンが招待した者だけが参加していたので、オースティンに徹底的に刃向かおうとする者は参加していなかったとも言える。

個人的に興味深いのは、オースティンの研究会に法哲学者として知られるハートが出席していたことである。次章で詳しく見るように、ハートは戦前に弁護士として働いたあと、戦後にニューコレッジで哲学のフェローをするようになったが、しばらくは勉強不足もあり学生のチュートリアルをやるのが嫌で仕方がなかったとインタビューで述べている。だが、土曜朝の研究会のおかげで哲学をやっていく自信がついたという。

彼は研究会のことはあまり書いていないが、研究会以外にも、オースティンと一緒に「弁解（Excuses）」の授業をして、さまざまな判例を取り上げて議論をする中で、オースティンの遂行的発話の発想に大きな影響を受けたという。[6] 周知のとおりハートは『法の概念』を19

ハートがいたニューコレッジ。法哲学の教授に選ばれるとユニヴァーシティコレッジのフェローとなった。ほかにも，『利己的な遺伝子』で有名なリチャード・ドーキンスや俳優のヒュー・グラントなども卒業生である。

61年に出して一躍有名になるが、その書の中でも「強いられている（being obliged）」と「責務を負っている（having an obligation）」の区別など、いかにも日常言語学派的な分析を行っている。

◇

オースティンはしばしばケンブリッジ大学のルートヴィヒ・ウィトゲンシュタインと比べられることがある。ウィトゲンシュタインは1889年生まれなのでオースティンより20歳近く年上だが、1951年に前立腺がんで比較的早くに亡くなっている。ウォーノックはオースティンについて、ウィトゲンシュタインと比較しつつ次のように述べている。

ウィトゲンシュタインと同様、オースティンは天才だった。だが、ウィトゲンシュタインが一般人の考える天才のイメージに合致していたのに対し、不運なことにオースティンはそうではなかった。しかし、彼はイングランドの哲学者たちの大半に恐怖を与えることには成功した。（……）彼らの多くは、真夜中に、痩せこけて針金のようなオースティンが猛禽の如く枕元に立っている姿を夢で見ては目を覚ますのだった。日中であっても同じことである。彼らが何か哲学的な文章を書いたあとに、オースティンが読み上げるときのように無感情で冷淡な声でもって読み返すと、彼らの体は凍りつくのだった。彼らの一部はオースティンが存在するという事実だけであまりにも怯えてしまい、オースティンが生きている間は一つも論文を発表することができないのだった。[7]

ほとんどヴォルデモートである。[8] ただ、「自分が可笑しいと思ったことを他人が笑うことを嫌った」ウィトゲンシュタインとは違って、オースティンは滑稽なジョークを言ってみなを笑わせるのが好きだったという。[9]

このようなオースティンの高い評判をとりわけ苦々しく思っていたのは誰あろう、オックスフォード大学出身ながらウィトゲンシュタインの弟子であるエリザベス・アンスコムだった。そこで次はアンスコムの話をしたいと思うが、先に少しだけハートについて話をしよう。

注

［1］Magee, Bryan, *Making the Most of It*, CB Creative, 2018, ch.6.

［2］Warnock, G. J., “Saturday Mornings,” Isaiah Berlin and others eds., *Essays on J. L. Austin*, Clarendon Press, 1973, p.45.

［3］ちなみにYouTubeではオースティンの講義の録音を聴くことができる。J. L. Austin Lecture in Sweden（1959）part one, https://www.youtube.com/watch?v=JXo0YNZ3WsE; J. L. Austin Lecture in Sweden（1959）part two, https://www.youtube.com/watch?v=XnWB4-aZAqc

［4］Ryle, Gilbert, “Autobiographical,” Oscar P. Wood and George Pitcher eds., *Ryle*, Macmillan, 1970, p.15.

［5］オースティンは以下の文献の中で、彼の方法論を説明している。Austin, J. L., “A Plea for Excuses,” *Proceedings of the Aristotelian Society*, Vol.57, No.1, 1957, pp.1-30.（翻訳は以下の論文集に「弁解の弁」というタイトルで掲載されている。J・L・オースティン著、J・O・アームソン／G・J・ウォーノック編、坂本百大監訳『オースティン哲学論文集』勁草書房、１９９１年）

［6］Sugarman, David and H. L. A. Hart, “Hart Interviewed: H. L. A. Hart in Conversation with David Sugarman,” *Journal of Law and Society*, Vol.32, No.2, 2005, p.273.

［7］Mehta, Ved, *Fly and the Fly-Bottle: Encounters with British Intellectuals*, Columbia University Press, 1983, p.60.（翻訳、ヴェド・メータ著、河合秀和訳『ハエとハエとり壷――現代イギリスの哲学者と歴史家』みすず書房、１９７０年）

［8］ちなみにヴォルデモートというのは哲学者ではなく、ハリー・ポッターの親の敵である。念のため。

［9］Warnock, G. J., *op. cit.*, pp.32-33.

Chapter 10
苦悩する男、ハート

英国から帰国して早ひと月が過ぎた。最初は対岸（というか遠い国）の火事だった新型コロナウイルス感染症も、私の帰国間際には英国でも深刻になりつつあった。帰国直前のロンドンは観光客が少なくてよかったが（おかげでヒースロー空港への便が良いパディントンの良いホテルに安く泊まれた）、帰国後まもなく英国全土がロックダウンしてしまった。英国は日本と違って罰則付きの外出禁止令なので、正当な理由なく外出して罰金を取られる人も出ているそうだ。オックスフォードではヒラリーターム（春学期）の最後の1週間（3月第1週）はセミナー等の中止が相次いだが、その後はオンラインで開催されているようだ。

それはともかく、今回はオースティンの話の中で出てきた法哲学者のH・L・A・ハートの話をもう少ししてみたい。ハートは代表作『法の概念』や同性愛行為の非犯罪化の是非をめぐるパトリック・デブリンとの論争で日本でもよく知られているが、彼の苦悩についてはあまり

3月23日開始のロックダウンから9日前のケンジントンガーデン（ロンドン）でインコにエサをやる人々。結構人が出ていたが，静かに感染は拡がっていたものと思われる。

知られていない。研究者および家族生活を営む人間としての彼の内面を知ることで、彼の理論をより理解しやすくなるかもしれない。ただし、長話をしているといつまで経ってもアンスコムに辿り着けないので、手短に話してみよう。

◇

ハートは1907年生まれなので、バーリン（1909）、エア（1910）、J・L・オースティン（1911）より少しだけ年上である（1992年死去）。H・L・Aはハーバート・ライオネル・アドルファスの略で、たまにハーバート・ハートと表記されることもある。

法学者のD・シュガーマンによるインタビューが論文になっているが、それによると、ロンドンに住むユダヤ人家系に生まれたハートは、1926年にオックスフォード大学（ニューコレッジ）に入学し、古典学を学んで29年に卒業した。その後、法廷弁護士になるために大学に残って判例の勉強をして司法試験を受け、1932年に弁護士になった。[1]

このインタビューでは言及がないが、ハートは学部を卒業してから法廷弁護士になる前に、超難関のオールソウルズのフェローシップ試験を2回受けている。ニコラ・レイシーの伝記では、1929年に歴史学、1930年に法学のフェローを目指して受験したが、二度とも落ちて大変つらい思いをしたという。とくに、当時から仲の良かったバーリンや、戦後に親交を深めることになるオースティンらは合格してフェローになっていたので、ますますつらい思いをしたそうだ。[2]

ハートの苦悩は、戦後も続く。彼は戦前に8年間ロンドンで弁護士を務めたあと、戦中は諜報部（MI5）で働き、そこでライルやスチュアート・ハンプシャーらオックスフォードの哲学者たちと哲学の議論を楽しんだ。そのこともきっかけとなり、戦後はニューコレッジの哲学フェローとして1945年にオックスフォードに戻ってくることになる。

だが、言語哲学が流行している中、戦前の哲学教育しか受けていなかったハートは、とくに最初の2年間はチュートリアルに相当苦労したようで、自身の日記では学生が自分のことを愚かだと思っていると書いたり、「詐欺師であることだけでも十分に悪いことだが、失敗に

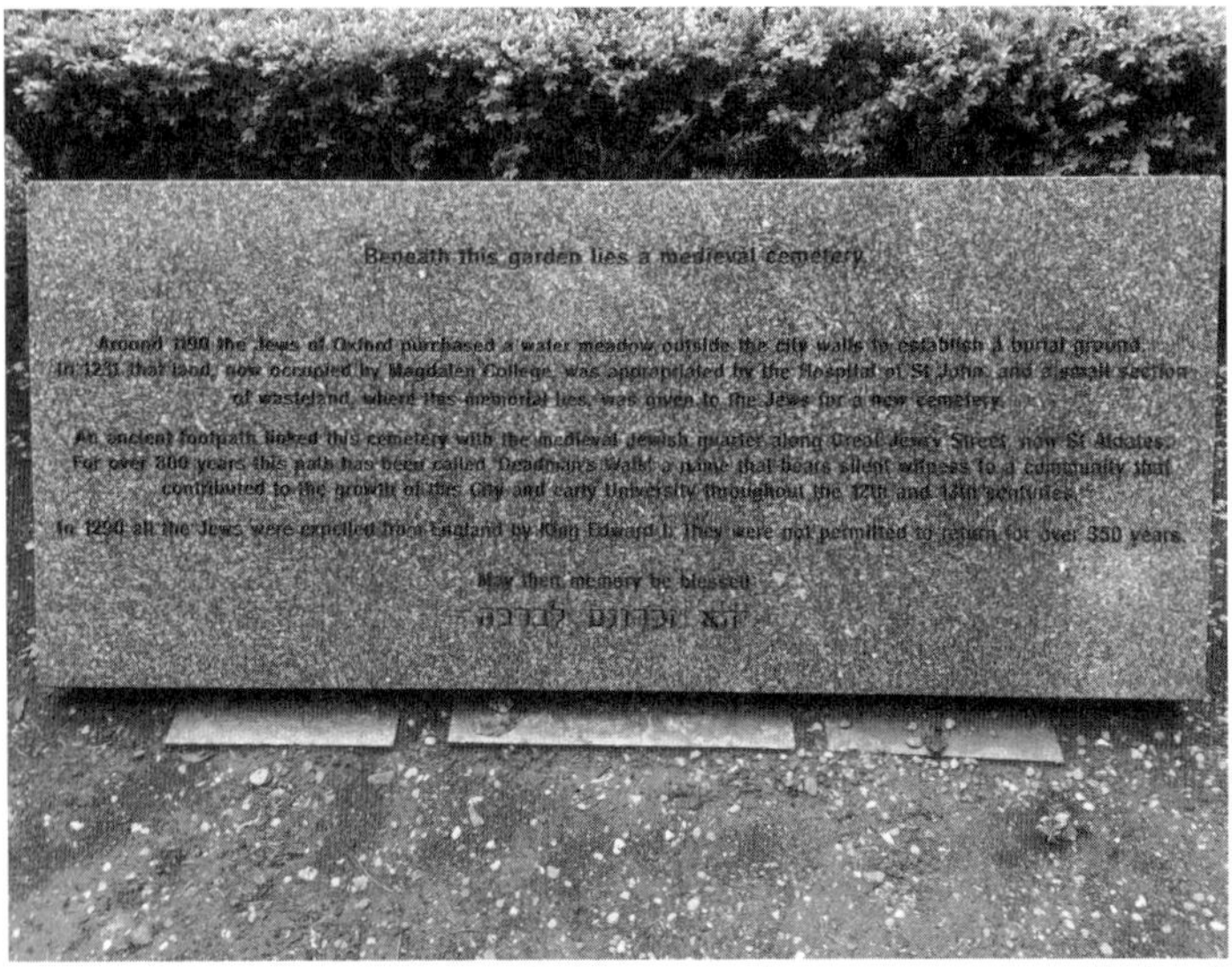

オックスフォード大の植物園の入口付近にある記念碑。ここにはかつてユダヤ人の墓地があったことや，13 世紀末には英国からユダヤ人が 350 年にわたって追放された歴史があることが記されている。

終わった詐欺師であることはあまりに屈辱的である」と書いたりして、今日「インポスター・シンドローム」と呼ばれる劣等感に苛まれている。自分がユダヤ人というマイノリティであることについても複雑な思いを抱いていたようだ。[3]

もっとも、多くの学生たちは彼の内面の苦しみには気づかず、ハートの薫陶を受けたジェフリー・ウォーノックのように、ハートのチュートリアルを高く評価していた者もいた。[4]

レイシーの伝記は当時のオックスフォード哲学についても詳しく紹介していて非常におもしろいが、そこは関心のある人に読んでもらうことにして省略する。[5] ハートはバーリンの勧めもあってオースティンと親しくなり、「土曜朝の研究会」に出席して言語哲学を学ぶ。それと並行して、オースティンと一緒に判例を基に弁解(excuses)について検討するセミナーを行い、自分が貢献できる領域があることに気づく。哲学での独創的な研究が評価されたハートは、1952年に法哲学教授に選出される。

◇

もう一つハートの悩みの種は、妻のジェニファーのことだった。ジェニファー(旧姓はウィリアムズ)は1914年生まれで、ハートの7歳ほど年下である。彼女は1935年にオックスフォード大のサマヴィルコレッジを優秀な成績で卒業し、難関の試験を受けて36年に公務員になった。その頃にハートに出会い、1941年に結婚する。その後も公務員として働き続けたが(主に内務省で警察関係の仕事をした)、ハートが戦後にオックスフォードで職を得ると、彼女は公務員を辞めてオックスフォードに移り住んだ。そして1952年にはセントアンズコレッジのフェローになり、現代史を教えた。

彼女は戦前に共産党員だったため、ソ連のスパイではないかとの噂がかねてからあったが、1980年代にBBCでのインタビューをきっかけにその問題が再燃し、戦中に諜報部で働いていたハートから情報を流していたのではないかという新聞記事が出て大きな話題になった。すったもんだの騒ぎの末、結局新聞社が謝罪して一応解決したものの、おかげでハートは深刻

バーリンがかつて住んでいたヘジントンの家の門柱にあるブループラーク。妻のアリーンが貴族の家系だったこともあり，豪邸に住んでいた。

な心の病を患った。彼は強い不安と鬱に襲われたあと、精神病院に入院して電気けいれん療法を受け、ようやく何とか快復したという。[6]

その話も十分に深刻だが、妻に対するハートの悩みはそれだけではない。ジェニファーはオープンマリッジを標榜し、ハートとの結婚後、オックスフォードで数名の男性と婚外交渉を持った。その一人が、誰あろうハートの親友バーリンである。ジェニファーのこのような行動の背景には、ハートが自分の同性愛的傾向に悩んでいたという事情もあったようだ。ハートは一度、自分の娘にこう語ったことがある。「この結婚の問題は、我々のうちの一人はセックスが好きではなく、もう一人は食べものが好きではないということだ」[7]。前者がハート、後者がジェニファーのことである。

ジェニファーとバーリンの関係は１９４０年代の後半から始まり、バーリンがアリーン・ド・ギュンツブールという女性と結婚した１９５０年代半ばには終わったようだ。だが、その30年後にアリーンがハート夫妻に対して、「あなたたちの家の隣に家を買って引っ越してくれば、もし私が先に死んだら夫〔バーリン〕は親友一家の隣に住めていいんじゃないかしら」と述べたことがあり、アリーンが帰ったあとに、ハートはジェニファーにこう言ったという。「何という良い考えだろう。そしたら、私が死んだら、君はついにバーリンと結婚できるじゃないか」[8]。

しかし、ハートはバーリンから直接、ジェニファーと恋愛関係にあることを二度告げられながらも、それを信じないと述べてバーリンと変わらぬ友情関係を保った。レイシーはその証拠として、ハートが1981年に法哲学者のニール・マコーミックの草稿を読んだとき、ハートにとってバーリンは「哲学の同僚の中で最も仲の良い友人」と書いてあるのを見て、「哲学の同僚の中で」を削除するように指示したという[9]。アカデミアにおけるハートとバーリンの関係は、ロック音楽におけるジョージ・ハリソンとエリック・ク

ユニヴァーシティコレッジロンドン（UCL）にあるベンタムのミイラ。本文では触れなかったが，ハートは20世紀後半にベンタムに対するアカデミアの関心を復活させた中心人物である。

ラプトンの関係に近いと言えそうだ。

ここまで見てきたように、ハートはオックスフォードで悩みの深い人生を送っていたようである。このような話を知っておくと、ハートの法理論をよく理解できるようになる……わけでは必ずしもないが、彼の明晰で分析的な文章の背後には、合理性だけではすまないドロドロの人生があったことを思い出すと、何かの役に立つこともあるかもしれない。

次はアンスコムの話をしたいと思う。

注

［1］ Sugarman, David and H. L. A. Hart, "Hart Interviewed: H. L. A. Hart in Conversation with David Sugarman," *Journal of Law and Society*, Vol.32, No.2, 2005, pp.267-293. シュガーマンによるハートのインタビューはYouTubeで聴くことができる（音声のみ）。９回に分かれているので、下記に１つ目のリンクを示しておく。H. L. A. Hart Interview Part One: Childhood and Early Career（audio）, https://www.youtube.com/watch?v=xgigb36aC7Y

［2］ Lacey, Nicola, *A Life of H. L. A. Hart: The Nightmare and the Noble Dream*, Oxford University Press, 2004, pp.41-43.（翻訳、ニコラ・レイシー著、中山竜一／森村進／森村たまき訳『法哲学者Ｈ・Ｌ・Ａ・ハートの生涯――悪夢、そして高貴な夢 上・下』岩波書店、２０２１年）

［3］ レイシーの記述によると、ハートが入った20年代はオックスフォードの学生約４０００名のうち、ユダヤ人学生は40名ほどだった。後年は、ハートがユダヤ人であることを知らない学生も多かったという。

［4］ Lacey, Nicola, *op. cit.*, p.131. レイシーの伝記では、ハートがユダヤ人家系であることと、また彼の同性愛的傾向が彼の内面的葛藤の大きな要因として描かれている。

［5］ *Ibid.*, pp.132-142.

［6］ Lacey, Nicola, *op. cit.*, pp.342-344; Lacey, Nicola, "Jenifer Hart," *The Guardian*, 11 April 2005, pp.1-7, https://www.theguardian.com/news/2005/apr/11/guardianobituaries.obituaries

［7］ Lacey, Nicola, *op. cit.*, p.236.

［8］ *Ibid.*, p.177. もう一つの興味深いエピソードは、ジェニファーが１９５９年に４人目の子どもを妊娠したことをハートに告げたときのハートの反応である。彼女は自分の日記にこう書いている。「彼の

最初の質問は、『それは自分の子か？』だった。私は彼の子どもだと保証したが、もしそうでなかったら誰の子だと思うかを彼に言わせた。彼の答えは、スチュアート〔ハンプシャー〕かアイザア〔バーリン〕の子どもではないかというものだった。彼はその二人ならどちらでもかまわないそうだ。進歩が見られる。」（*Ibid.*, p.237）

［9］ *Ibid.*, p.178.

Chapter 11

怒りに震えるアンスコム（1）

奇人変人の多いオックスフォード哲学者の中でも、エリザベス・アンスコムは別格の観がある。このことはアンスコムの名を冠するアンスコム生命倫理センターのウェブサイトにも彼女の奇行がいくつも紹介されていることからも推して知ることができる。

（当時の大学の規則ではスカートをはくように要求されていたにもかかわらず）アンスコムはいつもズボンをはいていた。彼女は葉巻を吸い、しばらくの間は片めがねを使っていた。伝え聞くところによると、彼女がボストンの洒落たレストランに入ろうとしたところ、婦人はズボン着用で入店することはできないと言われた。そこで彼女はその場でズボンを脱いで入店した。[1]

オックスフォード大の哲学科の建物に飾ってあるアンスコムの写真。

当然ながら、これは序の口である。

◇

すでに何度か言及したように、アンスコム（G. E. M. Anscombe, 1919~2001）は、フィリッパ・フット、マリー・ミジリー、アイリス・マードックと同世代の女性哲学者である。この世代は、第二次世界大戦中で男子学生の多くが従軍していたため、女性が活躍しやすい時期であった。ミジリーはこの時期のことを次のように回顧している。

> 若い男たちが延々やかましく騒いで女性の気を散らすことがなかったのがよかったのだと思います——本当に哲学をやりたいと思って勉強している人しかいなかったですし。それに、将来がなさそうだったから、就職のことを考えている人もいませんでした。[2]

この時期、ライルやオースティン、エア、バーリン、ハートなどはみな諜報機関等で働いていたことはこれまでにも述べたが（⇒ **Chapter** 3, 7, 10）、アンスコムらと同世代のヘアなどは一兵卒として従軍し、シンガポールで日本軍の捕虜となりビルマで線路を作る仕事をさせられていた。[3]

それはともかく、アンスコムは１９３７年にオックスフォード大学のセントヒューズコレッジに入学し、古典学コースで学んだ。母親が古典語の教師であったため、大学に入る前からラテン語やギリシア語を習得していた。10代早くにカトリック信仰に目覚め、大学に入るとすぐに親の反対を押し切ってカトリック教徒になった。また、この学部生の頃にフットやマードック、ミジリーらとも知り合いになった。学部では好きなこと以外は勉強せず、卒業試験では哲学の一分野以外は惨憺たる出来だったが、できた部分はあまりに優秀だったため結局一等（First）で卒業したという。[4]

アンスコムは学部を卒業するとケンブリッジ大学で研究員となり（１９４２〜46年）、ルートヴィヒ・ウィトゲンシュタインの講義やセミナーに顔を出すようになる。周知のように、彼女は後期ウィトゲンシュタインの『哲学探究』を英訳し、彼の正統な弟子の一人と見なされるようになった（⇒ **Chapter 30**）。

その彼女が戦後にサマヴィルコレッジのフェローとしてオックスフォードに戻ってくると、ライルやオースティンが幅を利かせており、とりわけアンスコムによって「ウィトゲンシュタ

アンスコムが戦後にフェローをしていたサマヴィルコレッジ。当時は女子学生だけだった。彼女は 1970 年までフェローを務め，その後ケンブリッジ大学の哲学教授になった。

インの劣化コピー」と見なされたオースティンは、しばしば彼女の憤怒の源泉になっていたようだ。

◇

哲学者のマリー・ウォーノックの自伝によると、アンスコムはオースティンを蛇蝎《だかつ》のごとく嫌っていた。

1924年生まれのウォーノック（旧姓ウィルソン）は、アンスコムより5歳ほど年下で、1942年にオックスフォード大学のレディマーガレットホールに入学したときにはアンスコムはすでにケンブリッジの研究員になっていた。だが、戦後にウォーノックが一時中断していた古典学コースに復学すると、まもなく彼女は友人を介してアンスコムと知り合いになった。

ウォーノックが哲学をやりたいと考えていることを知ったアンスコムは、彼女を「オックスフォード哲学の害悪」から救い出す使命があると考えたという。[5] そのオックスフォード哲学の害悪の権化が誰あろうオースティンであった。

ウォーノックはアンスコムから英訳中の『哲学探究』を読ませてもらうなどしてかなり目をかけてもらっていたようで、先輩後輩関係というよりは、師弟的な関係だったように思われる。

一方、戦後にオースティンがバーリンと再開したセンスデータ論を批判する講義に、ウォーノックはアンスコムと一緒に出席したりもしていた。ちなみに、この講義にはのちにウォーノックの夫となるジェフリー・ウォーノックも出ていて、マリー・ウォーノックはここで彼と最初に出会った。

ウォーノックの考えでは、アンスコムは「ウィトゲンシュタインのスパイ」としてこの講義に出ていた。アンスコムはしばしば講義の途中に異論を差し挟み、侮蔑的なコメントをしたという。

あるとき、アンスコムはいつにも増して無礼なコメントを講義中にしたため、恐れをなしたウォーノックは講義終了後にそそくさとモードレンコレッジの外に出て一人で帰ろうとした。しかし自転車の鍵を開けようとしてもたもたしているとアンスコムに追いつかれてしまう。そ

モードレンコレッジの中庭からモードレンタワーを眺める。

こで彼女は「ウィトゲンシュタインがあんな紛《まが》い物を生み出したと考えると、なんていまいましい！（To think that Wittgenstein fathered that bastard!）」というアンスコムの渾身の罵倒を聞かされたという。[6]

しばらくあとに、ウォーノックは勇気を振り絞って、現在の（いわゆる後期）ウィトゲンシュタインはオースティンらが講義で主張していることの多くに同意するんじゃないでしょうかとアンスコムに尋ねた。すると、アンスコムはわなわなと怒りに震え、顔を真っ青にしてこう言ったという。

もしあなたがオースティンとウィトゲンシュタインの間に何か一つでも共通点があると考えるのなら、あなたはウィトゲンシュタインについて私が教えたことをまったく理解していなかったということだ！[7]

アンスコムはオースティンの「土曜朝の研究会」には招待されなかったが、その理由の一端が垣間見えるエピソードである。

ウォーノックはこの話の前後にオースティンやライルのオックスフォード哲学とウィトゲンシュタインの哲学との関係について興味深い思索を行っているが、その紹介は他の研究者に任せることにしよう。

◇

アンスコムはウォーノックが道を踏み外さないように（すなわちオックスフォード哲学に影響を受けないように）と努力していたが、結局それはうまくいかなかった。アンスコムの意に反して、ウォーノックは戦後新たにできたB.Phil. コース（⇒Chapter 6）に進学を決めてしまったからだ。ウォーノックはアンスコムにこう言われたという。

あなたは最悪な過ちを犯してしまった。なぜなら第一にあなたには哲学の才能がなく、第二にオックスフォード哲学の泥沼にさらに飲み込まれてしまうからだ。[8]

ウォーノックはこれがアンスコムと長い会話をした最後の機会だったと言う。アンスコムがウォーノックを見放したのか、あるいはウォーノックがアンスコムの言動にいいかげん付いていけなくなったのか。
この辺で一旦終わりにして、次章もアンスコムの話の続きをしたい。

注

[1] 所長のDavid Albert Jonesによる紹介。本文の伝記的部分は主にこの紹介文に拠っている。https://www.bioethics.org.uk/page/about_us/about_elizabeth_anscombe/ なお、アンスコム生命倫理センターは２０１０年にオックスフォードにできたが、その前身は１９７７年にロンドンに設立されたリナカー医療倫理センターである。カトリックの学術機関であり、オックスフォード大学には所属していない。

[2] Brown, Andrew, "Mary, Mary, Quite Contrary," *The Guardian*, 13 January 2001, https://www.theguardian.com/books/2001/jan/13/philosophy 以下も参照。Midgley, Mary, *The Owl of Minerva: A Memoir*, Routledge, 2005, pp.123-124. なお、当時の女子学生の割合等については以下の文献に詳しい。Lipscomb, B. J. B., *The women are up to something: How Elizabeth Anscombe, Philippa Foot, Mary Midgley, and Iris Murdoch revolutionized ethics*, Oxford University Press, 2021.

[3] Hare, R. M., "A Philosophical Autobiography," *Utilitas*, Vol.14, No.3, 2002. 本書の**Chapter 22**も参照。

[4] Midgley, *op. cit.*, p.113.

[5] Warnock, Mary, *A Memoir*, Gerald Duckworth & Co., 2000, p.53.

[6] Warnock, *op. cit.*, p.65.

[7] *Ibid.*

[8] Warnock, *op. cit.*, p.69.

こぼればなし⑤　アンスコムの卒業試験

マリー・ミジリーによれば、アンスコムは政治理論の試験の前日にホッブズの『リヴァイアサン』を読み始め、ミジリーのところに来て次のように質問したという。「読んでみると結構おもしろいものもあったわ。でも、よくわからないことが一つあるんだけど。この人（ホッブズ）は、反乱を起こすことができない限りは反乱をしてはならない、と言っているだけに読めるんだけど、そういう理解でいいの？」（ミジリーは、それはホッブズに対するよくある批判だと答えたという）。

また、とくに出来の悪かったローマ史の筆記試験のあとに行われた口頭試問では、試験官の教員の一人が、「ミス・アンスコム、ローマの歴史に関して、あなたが論評したいと思う事柄が一つでもありますか」と尋ねたのに対して、アンスコムは悲しげに頭を振って、「いいえ、ありません」と答えたという。

(Midgley, Mary, *The Owl of Minerva: A Memoir*, Routledge, 2005, p.113; Mac Cumhaill, C. and R. Wiseman, *Metaphysical animals: How four women brought philosophy back to life*, Doubleday, 2022)

こぼればなし⑥　アンスコムがズボンを脱いだ話の真偽

アンスコムがボストンのレストランの入口でズボンを脱いだ話は伝説になっているが、アンスコムがケンブリッジ大学に移ってから、ケンブリッジの院生たちがアンスコムと雑談する機会があったときに、この話は本当なのかと尋ねてみたことがあったという。アンスコムは「いや、それはまったくの間違いです！」と言ってこう続けた。「レストランじゃなくてバーで、ボストンじゃなくてトロントの間違いです！」

(Lipscomb, B. J. B., *The women are up to something: How Elizabeth Anscombe, Philippa Foot, Mary Midgley, and Iris Murdoch revolutionized ethics*, Oxford University Press, 2021, p.291, note 3)

Chapter 12

怒りに震えるアンスコム(2)

マリー・ウォーノックは、エリザベス・アンスコムに最初に出会ったときの印象について、自伝の中でこう語っている。

彼女は不恰好な黒いズボンと、特徴のないぶかぶかのセーターを着ていたけれど、また、かなり長くてベタベタしていて特定の色合いを持たない髪を頭の後ろで「おだんご」のようにしてまとめていたけれど、彼女の顔は、片目の斜視が目につくものの、驚くほどの静謐さと美しさを備えていた。彼女は「キリストの降誕」の絵に出てくる天使のような感じだった。信者が聖母マリアの厚意を得たいと願うのと同じように、アンスコムに会った人はただちに、彼女の共感、彼女の祝福、彼女の愛情を得たいと思っただろう。そしてさらに印象的だったのは、彼女が話をするときの声の美しさだった。この事実が、後々、彼女のしばしば荒っぽい言葉遣いの破壊力をさらに増したのだった。[1]

そのような容姿と美しい声で、アンスコムはウォーノックの夫となるジェフリー・ウォーノックのことを、「あのクソ男のウォーノック（that shit, Warnock）」と呼んでいた。ジェフリー・ウォーノックはJ・L・オースティンに心酔していたため、当然ながらアンスコムには忌み嫌われていた。前章で、マリー・ウォーノックがB.Phil.に進学するくだりでアンスコムに非難された話をしたが、彼女が強く非難されたことがもう一つあり、それがジェフリー・ウォーノックとの結婚話だった。

アンスコムは自分と同学年のジーン・クーツが卒業後にオースティンと結婚すると聞いたときも、あんなひどい男（someone so awful）と結婚するなんてと彼女を厳しく非難した。[2] これから結婚する人に対して、アンスコムは祝福の言葉を述べるどころか呪いの言葉を吐き続けた。

なお、アンスコム自身は、オースティンが結婚したのと同時期に、自分と同じカトリック教徒で哲学者（論理学者）のピーター・ギーチと結婚している。ギーチとアンスコムは1938年にコーパスクリスティプロセッションというカトリックの祭礼で最初に出会ったが、そのときギーチはアンスコムを別の女性と勘違いして彼女にプロポーズしたという。しかしまもなく二人は恋愛関係となり、その年に婚約して3年後の1941年に結婚した。その後、二人はア

セントジョン通り。ブライアン・マギーなども学生時代に住んでいた。

ンスコムが2001年に亡くなるまでの60年間夫婦であった。[3] 彼女は結婚後もミス・アンスコムと名乗っており、夫のギーチでさえそう呼んでいたそうだ。[4]

カトリック教徒の二人は7人の子どもに恵まれた。マリー・ウォーノックはアンスコムがセントジョン通りに住んでいた頃にその家でインフォーマルなチュートリアルを受けていたが、自分の哲学的才能が十分でないことが暴かれるのが嫌なだけでなく、家がとんでもなく臭いのでその家に行くことを恐れていたという。その家には子どもが「少なくとも3人、ひょっとすると4人」おり、おもちゃが床のそこら中に散らばっていた。アンスコムの書斎には使用後のおむつも落ちていたという。

コーンマーケット通り。ミジリーの話に出てくる喫茶店はすでにない。なお，ピーター・シンガーもかつてはこの通りで動物実験に反対するデモを行っていた（⇒ **Chapter 28**）。

あるときウォーノックは家に着くなり赤子を腕に抱かされて、あとちょっとで執筆が終わるからミルクをやっておいてとアンスコムに頼まれた。まだ赤子の扱いなど何も知らないウォーノックは、この汚くて臭い生き物を二度と見たくないと思ったそうだ。[5]

◇

次に私がアンスコムの話の中で一番気に入っている話をしよう。これはマリー・ミジリーの自伝に出てくる話である。

アンスコムとマリー・ミジリーとアイリス・マードックの3人が、オックスフォードの目抜き通りであるコーンマーケット通りの喫茶店で哲学談義をしていた。年代は正確にはわからないが、戦後の比較的早い時期のことのようだ。[6]

彼らは3人で「無礼さ（rudeness）」の意味について論じていた。これは後の1958年にフィリッパ・フットが公表した「道徳的議論」という論文において具体例として用いて有名になったもので、フットによれば、「〜は無礼だ」という価値判断は、その人や行為についての一定の記述から導くことができる。つまり、事実と価値は連続的だということである。[7]

哲学の話はさておき、この「無礼さ」の概念について3人が比較的穏やかに議論していたとき、マードックがふと次のような発言をした。「もちろん、無礼さの〔評価的〕意味がいつも悪いものとは限らないよね。たとえば、エリザベス、あなたのことを『無礼だ』と形容する人もときどきはいるんでしょう？」

その言葉を聞いたとたん、アンスコムは凍りついた。長い間一言も発さず、彼女の心は北極ぐらい遠くまで去ってしまったかのようだった。やがて彼女は席を立ち、そのような発言は許し難い尋常ならざる侮辱であるという趣旨の短いスピーチをして、そのまま店を立ち去ってしまった。

マードックとしてはアンスコムの気分を害するつもりはまったくなく、彼女が無礼であることはあまりにも有名なので本人も自覚していて誇りにさえ思っているのではないかと考えての発言だった。しかし、この一件で図らずも判明したのは、アンスコムは自分が無礼だとはつゆ考えていないということだった。その後、マードックがアンスコムと仲直りするにはだいぶ時間がかかったという。

◇

ところで、アンスコムはオースティンだけでなく、エアも憎んでいた。エアが事実と価値を峻別する論理実証主義の立場から道徳の実在論を退けていたのが哲学的には気に入らなかったものと思われるが、人格的にも嫌っていたようだ。

アンスコムの頭の像。サマヴィルコレッジで行われた生誕100周年のときのシンポジウム会場に飾ってあった。

アンスコムより約10歳年上のエアは、彼女が戦前に学生をしていた頃に彼の『言語・真理・論理』によってオックスフォードで大きな影響力を振るっていた。だが、戦後しばらく経った1959年にエアがロンドンからオックスフォード大学に論理学教授として戻ってくることが決まると、アンスコムは次のように述べたという。「エアはすでに一度オックスフォードにいたんだから、彼はもう必要ありません」[8]。

また、エアとの公の議論の場でもこんな具合だったそうだ。アンスコム曰く、

エア教授、もしあなたの話し方がそんなに早口でなかったら、人々はあなたのことをそこまで賢いとは思わなかったでしょうね。

それに対するエアの返事。

ミス・アンスコム、もしあなたの話し方がそんなにゆっくりでなかったら、人々はあなたのことをそこまで深遠だとは思わなかったでしょうね。[9]

最後にアンスコムとR・M・ヘアとの関係について書こうと思うが、あいにく紙幅が尽きたのでその話は次章にしよう。

注

［1］Warnock, Mary, *A Memoir*, Gerald Duckworth & Co., 2000, p.71.

［2］Warnock, *op. cit.*, p.68. ちなみに、オースティンが結婚したのは１９４１年、ウォーノックらは１９４９年のことである。

［3］https://www.bioethics.org.uk/page/about_us/about_elizabeth_anscombe/（前章の注1を参照）

［4］Haldane, John, “Elizabeth Anscombe, Life and Work,” John Haldane ed., *The Life and Philosophy of Elizabeth Anscombe*, St Andrews Studies in Philosophy and Public Affairs, 2019, sec.3. このあたりも奇行だなと思っていたが、よく考えると我が家もいまだにお互い旧姓で呼びあっているので人のことは言えない。

［5］Warnock, *op. cit.*, p.59. とはいえ、ウォーノック夫妻も後に5人の子どもに恵まれることになる。

［6］以下の記述はミジリーの伝記より。Midgley, Mary, *The Owl of Minerva: A Memoir*, Routledge, 2005, p.115. ただし、最近出た本によると、この出来事が起きたのは１９４８年であり、その場にいたのはアンスコム、マードック、ミジリーの３人ではなくフットも含めた４人だったという。Mac Cumhaill, C. and R. Wiseman, *Metaphysical animals: How four women brought philosophy back to life*, Doubleday, 2022, pp.194-196.

［7］Foot, Philippa, “Moral Arguments,” *Mind*, Vol.67, No.268, 1958, pp.502-513.

［8］Kenny, Anthony, “Elizabeth Anscombe at Oxford,” John Haldane ed., *The Life and Philosophy of Elizabeth Anscombe*, St Andrews Studies in Philosophy and Public Affairs, 2019.

［9］*Ibid.*

こぼればなし⑦

アンスコムとギーチの出会い

１９３８年のコーパスクリスティプロセッションでのアンスコムとギーチの出会いについては異説もある。二人と仲の良かったアンソニー・ケニーは、アンスコムからこう聞いたという。「プロセッション（行進）のあと、ピーターが私のそばにやってきて私の肩をなでながら『ミス・アンスコム、私は君の心が好きなのです（I like your mind.）』と言ったんです」。それに対してアンスコムは「私もあなたの心が好きです（And I, yours.）」と答えたという。初めて会ったのに相手の心がわかるというのも不思議な話だが、もしかするとすべて冗談なのかもしれない。

(Kenny, A., *Geach, Peter Thomas, 1916-2013*, Biographical Memoirs of Fellows of the British Academy XIV, 2015, pp.185-203; Mac Cumhaill, C. and R. Wiseman, *Metaphysical animals: How four women brought philosophy back to life*, Doubleday, 2022)

こぼればなし⑧

アンスコムの家と子どもたち

セントジョン通りにあったアンスコムの家が飛び抜けて汚かったことは複数の証言が残されているが、中でもサールによる話がおもしろい。あるとき、マンチェスター・ガーディアン紙（現在も続くガーディアン紙の前身）が社会的に成功した女性たちについて特集を組んだときに、アンスコムを取り上げることにした。記者が「あなたはフルタイムの仕事をこなしながら、どうやって一人の夫と6人の子どものいる家を回しているのですか」と尋ねたところ、アンスコムは次のように答えたという。「汚なさは重要な問題ではないということに気づけばよいだけの話です」。この回答は、残念ながら新聞には取り上げられなかったという。

　サールによる話を続けると、彼が50年代に会った頃のアンスコムは「太っている」と言うよりは、多かれ少なかれ「形がない（shapeless）」と形容したほうがよい容姿だったという。アンスコムは常にズボンをはいていたが、大学の休暇のあとにサールたちが戻ってくるとアンスコムが6人目の子どもを休暇中に出産していたが、誰もアンスコムが妊娠していることに気づかなかったとサールは記している。この6人目の子どもは「More Geach」と名付けられたが、「もう一人のギーチ」という意味ではなく、アンスコムとギーチが尊敬していた哲学者のトマス・モア（カトリック教徒でヘンリー8世の英国国教会設立に反対して処刑された）の名前から取ってきたものだった。

　また、サールによれば、アンスコムは現代社会の3大巨悪の一つに「英国児童虐待防止協会」を挙げていたそうだが、アンスコムとギーチはこの協会に目をつけられていたようで、ソーシャルワーカーが家に子どもの様子を見に来るたびに邪険に追い返していたという。ウォーノックの目撃談によれば、かつてギーチがケンブリッジに住んでいるときに、（ギーチの母親の母国語である）ポーランド語の語形変化を子どもが覚えられないことの罰として、子どもの両足を掴んで逆さづりで窓の外に出し、ぶらぶらと揺らしていたという。児童虐待防止協会に目をつけられるのも宜《うべ》なるかな、である。

(Searle, J. R., "Oxford Philosophy in the 1950s," *Philosophy*, Vol.90, No.2, 2015, pp.173-193; Mac Cumhaill, C. and R. Wiseman, *op. cit.*, p.246（ギーチの話）)

こぼればなし⑨

教育者としてのアンスコム

アンスコムは子育てをしながら自宅でチュートリアルをしていた。子どもたちは火事の場合を除いてチュートリアルの邪魔をしないように厳しく言われていた（実際に家の外にあった車に火がついたときには、子どもの一人がしっかりアンスコムに報告したという）。しかし、幼い子どもがアンスコムの膝の上に乗ることもあった。そのさいも彼女は集中力を失わずに議論を続けた。上の階の風呂場にある洗濯機が床にボルトで留められていたため、洗濯機を回していると家全体が揺れ、あるときにはそのせいで壁のしっくいが剥がれ落ちてきたが、アンスコムはチュートリアルを続けたという。

また、アンスコムの講義は、彼女の声の美しさと、使う言葉の汚なさと、思考の深遠さで有名であった。彼女はそれ自体が快い活動の例として、「ウンチすること（shitting）」を例に挙げていた。また、「それは大変おもしろいですね（very interesting）」と言ったあとに、黒板にゆっくりv, e, r, yと書いたり、『インテンション』の講義では実際に「私はバカです（I am a fool.）」と黒板に書いたりした（同書第45節参照）。女性の教員は講義ではスカートをはく決まりになっていたがアンスコムはこれを守らずにたびたび当局から注意を受けたため、彼女はしぶしぶ講義室に入る直前にズボンの上からスカートをはいて講義室に入っていった。後にケンブリッジに移ってからは故ウィトゲンシュタインの大学のガウンを腰に巻き付けて講義をすることもあったという。

(Lipscomb, B. J. B., *The women are up to something: How Elizabeth Anscombe, Philippa Foot, Mary Midgley, and Iris Murdoch revolutionized ethics*, Oxford University Press, 2021, pp.149, 151-152（チュートリアル、スカートの話）；Mac Cumhaill, C. and R. Wiseman, *op. cit.*, pp.214-

216（声、講義の話）

こぼればなし⑩ カトリック教徒としてのアンスコム

アンスコムは10代の初めにカトリック信仰に目覚め、ラテン語も読めたので大学に入る前からアクィナスを読んでいたそうだが、アンスコムの思想を理解するうえで、彼女のカトリック的要素は無視できないものである。アクィナスの正戦論に基づき1939年に第二次世界大戦への英国の参戦に反対したり、トルーマンへの名誉学位授与に反対したりしたのは有名だが、避妊や人工妊娠中絶にも反対し、中絶クリニックの入口を塞いで逮捕されたこともある。

逮捕の話は別として、こうした活動がバチカンに評価され、アンスコムとギーチはカトリック教徒としての貢献に対して1999年にバチカン有功十字勲章を授与されている。また、カトリック的な性道徳や家族観を促進するための「アンスコム・ソサエティ」が、ハーバードやプリンストン、MITなどの米国の著名な大学に作られている。このまま評価が高まっていくと、そのうち列福されたりするのではないかと心配になってくる。

こうしたカトリック教徒としての背景を踏まえて、最後におもしろい逸話を紹介しよう。これはアンスコムの弟子の一人のアンソニー・ケニーの思い出話で、ケニーは彼同様にアンスコムからチュートリアルを受けていたトマス・ネーゲル（院生としてB.Phil. コースにいた頃と思われる）と一緒にアンスコムの家によく行っていた。ある晩、二人はアンスコムの家に行き、カトリックにおける避妊の反対について彼女と議論していた。もちろん、カトリックの教えとしては、性交は子作りを意図して行われるものであるから、避妊具を用いてその意図を伴わない性交をすることは認められない。性器を生殖という本来の目的以外で使用することは罪深いことなのである。そこでネーゲルは次のように質問した。「エリザベス、もし僕が自分のペニスでピアノを弾いたら、罪を犯したことになるでしょうか」。長い沈黙が続き、それからアンスコムはゆっくりこう言った。「それ自体としては、罪ではありません（An und für sich, No.）」。なぜそう言えるのかは、各自で研究してもらえたらと思う。

(Lipscomb, B. J. B., *op. cit.*, p.261（逮捕された話）; Kenny, Anthony, "Elizabeth Anscombe at Oxford," John Haldane ed., *The Life and Philosophy of Elizabeth Anscombe*, St Andrews Studies in Philosophy and Public Affairs, 2019)

こぼればなし⑪ アンスコムとギーチの夫婦関係

アンスコムが「ギーチ夫人」と呼ばれることをひどく嫌っていたことは本文で述べたとおりだが、ギーチはギーチで、人々がアンスコムの哲学的見解について彼が知っていると思い込んで質問してくることを嫌っていたそうだ。そういう質問に対しては、彼はこう答えていたという。「彼女の夫として、私は彼女の身体に対して特権的アクセスがあるが、彼女の精神に対してはそうではない」。

(Kenny, A., *op. cit.*, pp.31-40)

こぼればなし⑫ 良心的兵役拒否者のギーチ

アンスコムとギーチは結婚してからずっと貧しかったが、その一因は、ギーチがアンスコム同様、英国の第二次世界大戦参戦に反対して良心的兵役拒否を行ったからであった。当時、良心的兵役拒否者は“conchies”として蔑まれており、そのためギーチはベイリオルコレッジを優秀な成績（first）で卒業していたにもかかわらず、戦後の1951年にバーミンガム大学に就職するまで、定職がなく、子育てをしながら研究をしていた。戦争が終わる頃は本当にお金がなく、ヘビースモーカーのアンスコムが煙草の吸殻を道端で拾っている姿も見られたという。ギーチが就職して、またウィトゲンシュタインが1951年に死んださいに遺産の一部をアンスコムに贈与したことで、経済的状況はかなり良くなった。ただ、今度はギーチがバーミンガム大学に通うことになったため、アンスコムが子育てと研究教育を両立させないといけなくなった。

(Kenny, A., *Geach, Peter Thomas, 1916-2013*, Biographical Memoirs of Fellows of the British Academy XIV, 2015, pp.185-203; Lipscomb, B. J. B., *op. cit.*, pp.88, 148-149)

こぼればなし⑬　オースティンとアンスコムの共通点

オースティンとアンスコムはお互いに激しく憎みあっていたようだが、二人をよく知っていたジョン・サールの記述を読むと共通点もあったようだ。

一つは喫煙で、オースティンはパイプで喫煙をしていた。サールによると、オースティンは哲学的議論を行うとき、マッチでパイプに火をつけたあと、片手にパイプを、もう片手で火のついたマッチを持ち、そのまま議論を続ける癖があった。そのうちマッチが燃えて短くなり、オースティンは指に火傷をするのではないかと学生たちが心配していると、オースティンは対話相手から目を離すことなく手を振ってマッチの火を消すのだが、またマッチを取り出して火をつけ、同じことを繰り返すのだった。

アンスコムもチェーンスモーカーで、授業にはタバコの箱と台所用の大きなマッチ箱を持ってきて、1本吸い終わると次の1本に火をつけるという具合だったようだ。禁煙しようとして催眠術を受けたこともあったが、精神的に不調になり、結局止められなかった。アンスコムは後年は紙巻きタバコではなくシガリロと呼ばれる細い葉巻を吸っていたが、サールによると、これは以下の事情があったそうだ。あるとき、アンスコムの子どもの一人が大病を患って死にそうになったため、アンスコムは神に祈り、この子を助けてくれたらタバコを止めますと誓った。この祈りが効いたのか、子どもは一命を取り留めた。そこでアンスコムは誓いどおりにタバコは止めたが、代わりにシガリロを吸い始めた。確かに誓いは破っていないが、絶対主義的な道徳にありがちな抜け道のように思われる。

もう一つ、オースティンとアンスコムの共通点として、呼称に対する強いこだわりがある。アンスコムは結婚後も「ミセス・ギーチ」と呼ばれることを強く嫌っており、大学の開講科目一覧などでも、常に「ミス・アンスコム」と記されるようにしていたが、フィリッパ・フットやアイリス・マードックなどの友人やチュートリアルに来ていた学生などは彼女をエリザベスと呼んでおり、ファーストネームで呼ばれることは認めていた。それに対して、オースティンは同僚からであっても「ジョン」とファーストネームで呼ばれることを極度に嫌っていたことで知られる。あるとき、同僚のスティーヴン・トゥールミンがオースティンと会話をしているとき、トゥールミンはオースティンと義理の兄弟でもあるため、「ジョン」と呼びかけてみたことがあった。すると長い沈黙の後、オースティンは次のように冷たく言い放ったという。「オースティンも〔ジョンと同じく〕洗礼名だ」。どういうこだわりかよくわからないが、とにかく「オースティン」という名前が彼のアイデンティティであったようだ。

(Searle, J. R., "Oxford Philosophy in the 1950s," *Philosophy*, Vol.90, No.2, 2015, pp.173-193)

Chapter 13

アンスコムと堕落した哲学者たち

アンスコムはオースティンやエアだけでなくヘアも嫌っていた。エアの論理実証主義的な発想と、J・L・オースティンの発話遂行的行為の考え方を道徳哲学において展開したR・M・ヘアのことを、アンスコムが快く思わないのは当然である。さらに悪いことに、ヘアはアンスコムが憎む「帰結主義者」であった。このあたりの経緯を説明するには、あるラジオ番組の話から始めるのがよいだろう。

1957年のバレンタインデーに、アンスコムはBBCラジオで「オックスフォードの道徳哲学は若者たちを堕落させるか?」という挑発的なタイトルで講演を行った。[1] 要するに、アンスコムの主張は、ヘアやP・H・ノーウェル=スミスに代表されるオックスフォードの道徳哲学は若者たちを堕落させることはない、なぜならそれは時代を先導するような思想ではなく、むしろ大学の外の社会で流通しているものと何ら変わらない、通俗的な思想にすぎないから、というものだった。

The Listener という当時BBCが発行していた情報誌にこの内容が掲載されると、同誌の通信欄で哲学者たちの論争が始まった。参加者はヘアやノーウェル＝スミスのほか、アントニー・フリューやピーター・ギーチ（アンスコムの夫）などである。その内容は主に婉曲的な罵り合いで、よくこんな話を雑誌上でやるなというもので何とも微笑ましい。以下では、ヘア

オックスフォード大の植物園で撮ったバラ。

とアンスコムのやりとりのさわりだけ紹介しよう。

拝啓（中略）私が投書した主な目的は、若者がオックスフォード大学に行くと、アンスコム氏のように話す大勢の哲学者に出会うという印象が作られたかもしれないので、それを取り除くことです。仮にそれが正しいとしたら、若者はどこか別のところに行き、堕落を避けるよう助言されてしかるべきでしょう。しかし、実際は、彼女はオンリーワンであり、この大学に来る若者が出会う可能性がはるかに高いのは、道徳の本性についてのより普通で日常的

な探究者たちであって、彼らの目的は学生たちに道徳について明確に考え話すことを実例と教育でもって教育しようとすることです。敬具、オックスフォード　R・M・ヘア[2]

拝啓（中略）ヘア氏は公然たる帰結主義者です。これが意味することを次のように明確に述べるべきだと思いますし、彼も暗に述べたことがありますが、つまり、いかなる行為についても、「いかなる状況においても、それをするかどうかを考える必要がない、つまりそれは考慮から除外されている」と正しく言える行為はないということです。（中略）ヘア氏の投書の中の、明らかに単なる怒りの表明である部分については、何も言う必要はないと考えています。敬具、オックスフォード　G・E・M・アンスコム[3]

拝啓　この意見のやりとりが終わる前に（このやりとりがさらに長く続くとは私にはとても思えません）、先の投書にいくつか付け足させてください。（中略）アンスコム氏が私の道徳的判断を「単なる怒りの表明（just expressions of rage）」と解釈したことに驚いています。これは倫理学における「ブー・フレー」学派〔注――情動説のこと。ブーは非難、フレーは称賛の表明〕による道徳判断の理解の仕方におおよそ一致するもので、彼女がこの学派に所属するとは知りませんでした。しかし、私は自分の判断が記述的意味を担っていることを意図していました。つまり、非難することを通じて、彼女が議論をする時の手法が持ついくつかの特徴に注目を集めるためになされたものでした（中略）。もしかすると、彼女が意味していたのは「正しい怒りの表明（expressions of *just* rage）」ということだったのでしょうか。（中略）彼女は「帰結主義」が何であるか説明していません。もしそれが、我々は自らが望んで知りつつ（willingly and wittingly）もたらす事柄に対して道徳的に責任があるという意見だとすると、それは地獄に落ちるべきほど異端的な意見なのでしょうか。敬具、オックスフォード　R・M・ヘア[4]

拝啓（中略）哲学者たちが私に怒りをぶつけてくるのは、私が彼らを誤った仕方で描写したからではなく、彼らを正確に描写したからです。本当のところ、彼らの唯一の反論は、私が彼らのことを笑いものにしたという点だけのはずです。敬具、オックスフォード　G・E・M・アンスコム[5]

こんな調子である。興味深いのは、このやりとりの中で「帰結主義者（consequentialist）」や「帰結主義（consequentialism）」という言葉が出てくる点だ。通常、帰結主義という言葉はアンスコムが翌年の1958年に発表した有名な「現代道徳哲学」が初出だとされるが、その1年

サマヴィルコレッジの建物の一つ。

前にすでにアンスコムとヘアの間で問題にされていたことになる。

アンスコムの帰結主義の使い方はやや独特で、それは、帰結がどうあれ人間には絶対にやってはいけないことがあるとするユダヤ・キリスト教的な絶対主義を否定する立場を指す。この意味ではW・D・ロスのような絶対主義的でない義務論者も帰結主義者になる。アンスコムは、意図と予見の区別は厳密には成り立たないとしたヘンリー・シジウィックを厳しく批判しているが、これもまた、無辜の者の殺人などを意図的に行うことは絶対に許されないと彼女が考えていたからである。「殺人を行うことで非常に良い結果が生じる場合もあるのではないか？」というような考えを抱くだけでも道徳的に堕落している証左であり、彼女は「私はそのような人と議論したくない」と嫌悪感を露にしている。[6] 要するに、アンスコムに言わせると、ヘアのような帰結主義者は性根が腐っているのだ。

◇

アンスコムが帰結主義を憎んでいたことは、1956年に起きた出来事、すなわち、オックスフォード大学がトルーマン元米国大統領に第二次世界大戦を終結させた功績を認めて名誉博士号を授与することにしたさいに彼女が猛反対したことに象徴的に表れている。

彼女の考えでは、「罪のない者を自らの目的のための手段として殺すことは、常に殺人」であるため、戦争を終わらせるという目的のためであっても、意図的に大量の市民を殺害する行為は許されない。[7] このようなことを正しいと考えるのは典型的な帰結主義的思考であり、大量殺人を犯したトルーマンに名誉博士号を贈るのは、ヒトラーやネロやチンギス・ハーンに名誉博士号を贈るのと同じである。彼女はそのようなスピーチをオックスフォード大学の評議員総会で行ったが、彼女の考えを支持したのは同僚のフィリッパ・フットを含めてわずか4名だけで、彼女の動議は否決された。[8] しかし、これがきっかけとなって彼女はBBCラジオで先ほどの話を話すことになり、その内容および通信欄でのやりとりが「現代道徳哲学」を生み出すことになった。

チャーウェル川の白鳥。

◇

「現代道徳哲学」が生まれたもう一つの背景がある。それは、1957年から58年にかけてサマヴィルコレッジで同僚のフィリッパ・フットがサバティカル休暇を取ることになり、アンスコムが代わりに道徳哲学を教えることになったことである。

アンスコムの娘の一人のマリー・ギーチによれば、「私の母は腰を落ち着けて標準的な近代の倫理学者たちの本を読んで、顔を真っ青にしました。これらの思想家が共通に持っている考え方は、トルーマンに爆弾を落とさせ、オックスフォードの教員たちにトルーマンの擁護をさせた考え方であり、それはアンスコムが『帰結主義』と名付けた信念だったのです」[9]。ここに仇敵を見出したアンスコムは、「現代道徳哲学」でヒューム、バトラー、カント、ミル、シジウィック、ヘアなど、近現代の道徳哲学者をすべて撫で斬りにして、代わりにアリストテレスへの回帰を訴えることになる。

◇

このようにアンスコムはオックスフォード大学の哲学者たちの大半を憎んでいた。だが、母校のオックスフォード大学自体はそこまで嫌っていなかったようで、1966年にホワイト道徳哲学教授職が空くと、教授選に出馬した。競争相手は、誰あろう、憎きヘアである。しかし、周知のように教授選はヘアが勝利し、アンスコムが憎むオックスフォード道徳哲学はヘアを中心に一層栄えることになった。争いに敗れたアンスコムは1970年にケンブリッジ大学に移り、かつてウィトゲンシュタインが務めた哲学教授の職に就き、86年に引退するまでそこで教鞭を執った。[10]

このように、オックスフォード大学での教授選はヘアが勝利したが、長い目で見るとどちらが争いに勝ったのかは簡単には言えなさそうだ。昨年の2019年は二人の生誕100周年だったが、私の知る限り、アンスコムについてはサマヴィルコレッジなどで複数の生誕記念シンポジウムが開かれたが、ヘアの記念の催しは一つもなかった。アンスコム関連の本の出版も相次いでいるが、ヘアについてはほとんど聞かない。今後、二人の思想の影響力がどのように変化していくのか、注意深く見守る必要があるだろう。

最後はやや真面目な話になってしまったが、アンスコムの話はこのぐらいにして、次はアイリス・マードックの話をしてみたい。

注

［1］Anscombe, G. E. M., "Does Oxford Moral Philosophy Corrupt Youth?" *The Listener*, 14 February 1957, pp.266-271. この論文はのちにアンスコムの論文集にも収録されている。Anscombe, G. E. M., Mary Geach and Luke Gormally eds., *Human Life, Action and Ethics: Essays*, St Andrews Studies in Philosophy and Public Affairs, Vol.4, Imprint Academic, 2005, ch.12. また、このBBCラジオでの講演の詳細については、下記の文献に詳しい。Lipscomb, B. J. B., *The women are up to something: How Elizabeth Anscombe, Philippa Foot, Mary Midgley, and Iris Murdoch revolutionized ethics*, Oxford University Press, 2021, ch.6.

［2］*The Listener*, 21 February 1957, p.311. なお、ここで「拝啓」と訳しているのは「Sir,」であり、「敬具」は「Yours, etc.」である。

［3］*The Listener*, 28 February 1957, p.349.

［4］*The Listener*, 28 March 1957, p.520.

［5］*The Listener*, 4 April 1957, p.564.

［6］Anscombe, G. E. M., "Modern Moral Philosophy," *Human Life, Action and Ethics*, p.191.（翻訳、G・E・M・アンスコム「現代道徳哲学」大庭健編『現代倫理学基本論文集Ⅲ』勁草書房、２０２１年、１４１～１８１頁）本論文について邦語で読める有益な文献として、以下がある。佐藤岳詩「アンスコム、"Modern Moral Philosophy"の処方箋」『先端倫理研究』10号、２０１６年、５～24頁。

［7］Anscombe, G. E. M., "Mr. Truman's Degree," *The Collected Philosophical Papers of G. E. M. Anscombe, vol.III, Ethics, Religion and Politics*, Blackwell, 1981, pp.62-71.（翻訳、G・E・M・アンスコム「トルーマン氏の学位」柏端達也訳『インテンション』岩波書店、２０２２年、２１７～２４７頁）ア

ンスコムの原爆投下批判はすでに邦語でいくつか文献がある。たとえば以下を参照。石黒ひで「アンスコムの行為論」飯田隆編『哲学の歴史11』中央公論新社、２００７年、４８８〜４９２頁。寺田俊郎「あるアメリカ人哲学者の原子爆弾投下批判」『プライム』31号、２０１０年、１０９〜１１8頁。

[8] Geach, Mary, "Introduction," *Human Life, Action and Ethics*, p.xiv. ただし、反対した人数が実際に何人だったかについては不明確なところがあるようだ。詳しくは以下を参照。Mac Cumhaill, C. and R. Wiseman, *Metaphysical animals: How four women brought philosophy back to life*, Doubleday, 2022, p.5.

[9] Geach, Mary, *op. cit.*, p.xvii. ついでながら、そのあとにギーチは、アンスコムの言う帰結主義は行為功利主義と同じような意味だが、追求すべき善は快楽とは限らない立場だと述べている。

[10] Kenny, Anthony, "Elizabeth Anscombe at Oxford," John Haldane ed., *The Life and Philosophy of Elizabeth Anscombe*, St Andrews Studies in Philosophy and Public Affairs, 2019.

こぼれぱなし⑭ **オックスフォードとケンブリッジを結ぶ鉄道**

アンスコムが奨学金を得て1942年からケンブリッジで研究するようになると、ケンブリッジに部屋を借りてギーチと住むようになった。だが、生活費を稼ぐためにオックスフォード大でチューターをしていたため、当時はオックスフォードとケンブリッジをつなぐVarsity Lineという路線があり、それでよく行き来していたそうだ。この路線は、オックスフォードとケンブリッジを約2時間で結ぶもので、途中には第二次世界大戦中にチューリングらがドイツの暗号解読を行ったブレッチリー駅もあった。1960年代の国鉄合理化で廃線となったが、現在、再びオックスフォードとケンブリッジをつなぐ路線が準備中である（いつになるかわからないが）。

(Mac Cumhaill, C. and R. Wiseman, *Metaphysical animals: How four women brought philosophy back to life*, Doubleday, 2022, p.99)

こぼれぱなし⑮ **サッチャーの不名誉博士号**

1984年末、保守党党首で英国首相のマーガレット・サッチャー（1925~2013）に対して、オックスフォード大学の「内閣」と言える評議会（the Hebdomadal Council）が名誉学位を贈る提案を行った。これまで、オックスフォード大学の卒業生で戦後に首相になった人物にはみな名誉学位を贈ってきたので、サマヴィルコレッジで化学を専攻し１９４７年に卒業したサッチャーに対してもその栄誉を与えるべきだと評議会が決定したのだ。しかし、他の領域と同様、英国の大学についても合理化を強力に推し進めてきたサッチャーは大学人に非常に不人気だった。

１９８５年1月29日に行われたCongregationと呼ばれる大学の教職員の総会では、2時間にわたる議論が行われた。この総会は評議会の提案を民主的に決議する機関で、通常は正規雇用の教職員のごくわずかしか参加しないものである。しかし、今回はサッチャーの政策に大きな不利益を受けていた科学研究者や医学研究者も大勢参加し、結果的に当時約２４００名からなる教職員のうちの半数近くが投票した。学生たちも反対していたようで、1月中旬にヒラリー学期が始まってから7日間で学部生５０００人の署名が集まったが、これは当時の学部生の半数以上だった。学部生代表の学生もこの総会で演説を行い、高等教育を受けられる数を制限するサッチャー政権の政策により、英国では毎年約1万２０００人の優秀な学生が大学に入れなくなっていると主張した。

投票の結果、サッチャーに名誉博士号を贈ることに賛成したのは３１９名、反対したのは７３８名で、名誉博士号授与は否決された。

この「事件」についてまるで新聞記者のように詳しく書いているハートによれば、評議会による名誉学位の提案は通常は総会で反対の動議が出されることなく承認されるが、サッチャーの場合のように反対と議論があったのは過去に二つしかなかった。一つはアンスコムの反対によるトルーマンに対する名誉学位授与の問題で、このさいには反対票は少なすぎて記録されていなかったという。もう一つは１９７５年にパキスタンの元首相でオックスフォード大学出身のズルフィカール・アリー・ブットーに対して名誉学位を与えようとしたときで、このさいには賛成１８１票に対して反対２３９票で、学位授与の提案は否決された。これは、ブットーが1971年のバングラデシュの大虐殺に関与したからだとされる。

1979年に英国首相になったサッチャーに名誉学位を贈るべきではないかという話は早くから大学内外で出ていたが、評議会は上記のブットーの件で慎重になっていた。だが、月日が経つにつれサッチャーに名誉学位を贈るべきだという声がますます強くなったため、評議会はようやく1984年末に名誉学位を提案したのだが、その頃までには、教育研究関連の大幅な予算カットをしたサッチャーの不人気は決定的になっていた。そのため、上記の投票結果となり、結果的にサッチャーには不名誉博士号が贈られることになったのである。

(Hart, H. L. A., "Oxford and Mrs. Thatcher," *The New York Review of Books*, 28 March 1985)

こぼればなし⑯ オースティンの耐えられない軽さ

アンスコムはオースティンが嫌いだったが、その一つの理由は、ウィトゲンシュタインと異なり、オースティンが哲学を真剣にやっていないと思われたことであった。ラッセルも述べているが、オックスフォードの哲学は「何ごとも真剣に捉えない」という意味で紳士的な活動であった。紳士的だというのは、哲学はクリケットと同じような活動で、本気を見せるのは格好悪いということである。それに対して、ウィトゲンシュタインや、彼から学んだアンスコムは、ある意味で全人生が哲学であった。

マリー・ウォーノックは次のように述べている。オースティンはもちろん哲学を真剣にやっていたが、ウィトゲンシュタインのような荘厳さや苦悩とは無縁だった。ウォーノック自身はオースティンの授業で彼がジョークを言うのが好きだったが、アンスコムはその軽薄さが耐えられなかった。ウォーノックは、もしかするとオースティンがウィトゲンシュタインのことを馬鹿にしているとアンスコムが感じたからかもしれないと述べているが、とにかくアンスコムは、「オースティンの顔からニヤけた笑いを消したい」と思っていたようだ。アリスのチェシャー猫の話とは逆である。

(Wiseman, R., *Routledge philosophy guidebook to Anscombe's Intention*, Routledge, 2016; Midgley, Mary, *The Owl of Minerva: A Memoir*, Routledge, 2005, p.68; Lipscomb, B. J. B., *The women are up to something: How Elizabeth Anscombe, Philippa Foot, Mary Midgley, and Iris Murdoch revolutionized ethics*, Oxford University Press, 2021, p.144)

Chapter 14

ボヘミアンのマードック

さて、エリザベス・アンスコムに続いて、アイリス・マードック（Iris Murdoch, 1919〜1999）の話をしよう。

マードックはアンスコムと同じ1919年生まれ。二人ともアイルランド生まれのロンドン育ちだ。アンスコムが学んだのはオックスフォード大学のセントヒューーズコレッジで、マードックはサマヴィルコレッジである。二人ともケンブリッジ大学で研究員となり、ルートヴィヒ・ウィトゲンシュタインから大きな影響を受けた。ただし、アンスコムは戦前の間にケンブリッジ大学に行ったが、マードックは戦後だったため、ウィトゲンシュタインから直接学ぶことはできなかった。また、二人とも戦後のオックスフォード大学でフェローとして教育と研究を行ったが、主流のオックスフォード哲学を唾棄し、アンスコムは「現代道徳哲学」という論文で、マードックは『善の至高性』という著書で、それぞれ痛烈な批判を行った。

共通点はそのぐらいで、最大の相違点は、マードックが哲学者としてだけでなく、小説家としても有名だったことだろう。この点でマードックは彼女の初期の研究対象でもあったJ＝P・サルトルと似ている。マードックはサルトルほどの影響力は持たなかったものの、哲学者としても小説家としても高い評価を得た。彼女の夫のジョン・ベイリーが書いた伝記は映画化され（『アイリス』）、ケイト・ウィンスレットとジュディ・デンチという二大女優がマードックの若い頃と年老いた頃を演じた。[1] この映画を見ればわかるように、マードックは晩年にアルツハイマー病を発症する。映画ではその部分が最も印象的であるため、「マードック↓ジュディ・デンチ↓アルツハイマー病」という連想が強くなった観がある。だが、マードックの人生でおもしろいのはケイト・ウィンスレットが演じていた若かりし頃だ。とくに今回話したいのは、マードックの大きな特徴である、人付き合いの良さについてである。

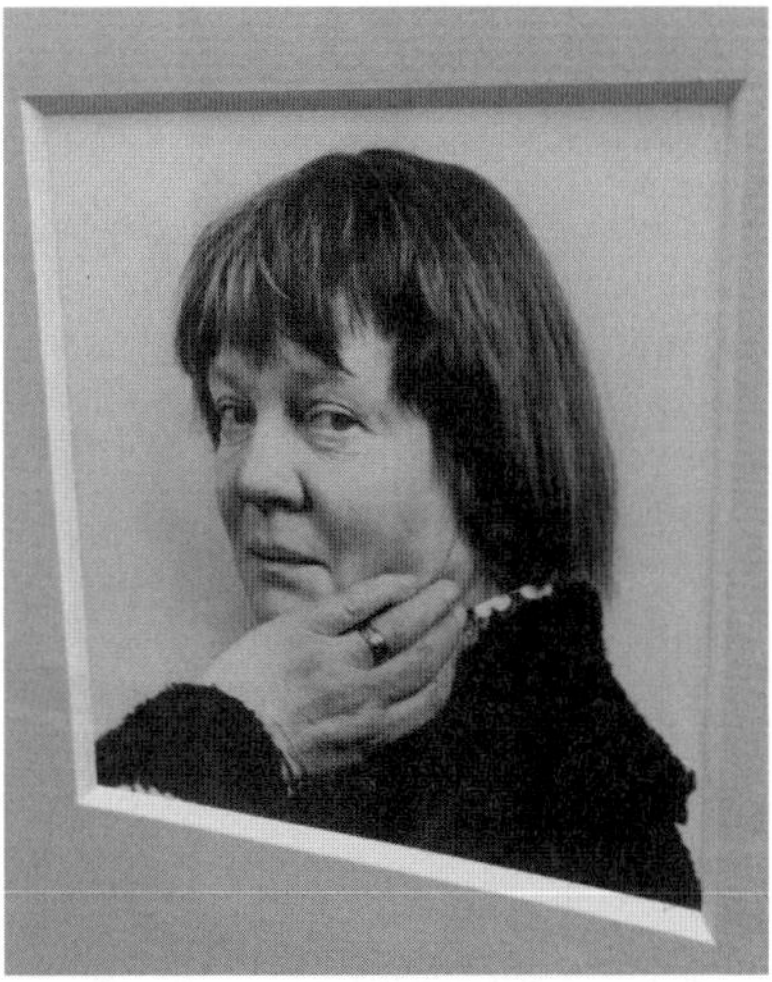

オックスフォード大の哲学科の廊下に飾ってあるマードックの写真。若い頃はもっと金髪だったという。

なお、ケイト・ウィンスレットは、映画

が封切られた当時のインタビューの中で、「私は彼女の大ファンです。だけど、彼女の本は一冊も読んだことがありません。とにかく時間がないものですから」[2]と答えていた。

◇

マリー・ミジリーは、マードックと同じ1938年の秋にサマヴィルコレッジに入学した。彼女はマードックについて、「決して美人ではないが魅力的だった」と述べ、彼女が非常に人気者だった主な理由は、彼女が自意識過剰でなく、他人からの評価をあまり気にしなかったからだとしている。

コレッジの食堂における席順について、ミジリーがしている話がおもしろい。慣習的に食堂では、3年生が窓側の列に、2年生が中央の列に、1年生が配膳口の近くの列に座ることになっていた。さらに、部屋の奥にあり教員が座っているハイテーブルに近い側には、食事が始まる時刻が来たら図書室から一斉に出てきて、食事が終わるとまた図書室に入っていく地味なガリ勉タイプの女子が陣取り、逆に出口に近い側には、お洒落で髪が長くて目の大きいお人形さんのような女子がよく遅刻して来ていた。その二極の間には、その中間のような女子が座っていた（当時のサマヴィルは女子学生のみだった）。ミジリーはいつも真ん中のグループだったのに対して、マードックは真ん中の席に座ることもあれば、出口に近いほうに座ることもよくあり、ときどきはハイテーブルの近くの席に座ることもあったという。このように彼女は誰とでも友達になれる性格だった。[3]

マードックは男子学生からも人気があった。彼女は入学後すぐに共産党に入党し、演劇部にも入って活発に活動していた。大学1年目が終わった夏休み、ミジリーとマードックが他の女友達とボートに乗って遊んでいるときに、マードックが「本当に結婚したい。結婚するためには何だってする」と言った。友達の一人が「でも、あなたは前の学期だけで6人から求婚されたんでしょう」と言うと、マードックは「ああ、それは数のうちに入らないわ」と興味なさそうに返事したという。[4]

サマヴィルコレッジを入ったところにあるゲート。この紋章はAgnes Catherine Maitlandという20世紀初頭の学寮長の家紋で，コレッジの紋章は別にある。

さらに、彼女が大学を卒業して戦時中にロンドンの財務省で働いていた頃、フィリッパ・フットと1年半近く仲良く同居していた。あるとき、二人は恋愛話をしていて、これまでに何人に求婚されたかを言い合いっこすることにした。すると、フットのリストはすぐに尽きたのに対して、アイリスは延々と名前を挙げ続けるので、フィリッパは我慢できなくなり、求婚しなかった男性の名前を挙げたほうが時間の節約になるんじゃないかと言ったという。[5] フットの未来の夫も、フットと婚約する前にはマードックと恋愛関係にあり、そのせいで二人はしばらく関係が悪くなったようだ。

◇

ピーター・コンラーディのマードックの伝記では、「ボヘミアン」という言葉がよく出てくる。ボヘミアンとは「彼女の世代にとっては、しばしば共産主義と同様に、ブルジョワ階級の因習に対する反抗の一部をなしていた」のであり、それは一つには質素な生活、もう一つにはフリーセックスを含んでいた。[6] マードックのボヘミアンなライフスタイルは、彼女が1948年にセントアンズコレッジのフェローになってからも続き、ときどき学生と同じ「ボヘミアン」パーティーに顔を出したり、学生と一緒に公園の門をよじ登って帰宅したりしていた。[7] 一度、マードックは冗談で「オックスフォードの男性で、関係を持っていないのはたぶん一人だけだ」と言っていたという。

マードックのボヘミアンっぷりは、少なくともオックスフォードでは規格外だったようだ。マードックと1956年に結婚したジョン・ベイリー（彼もオックスフォード大学の英文学者である）は、結婚する前に彼女から過去の恋愛遍歴を聞かされてひどく落ち込んだという。

セントアンズコレッジ。マードックは1948年から1963年までこのコレッジでフェローをしていた。

私は彼女から聞かされたすべてのことに本当にとても気が滅入った。〔マードックと関係を持つことのできた〕幸運な人々があまりに大勢いて、また驚いたことに、私が今頃知ったのは、何人かの普通の人々や、顔見知りや、私自身の同僚までもが、過去のどこかの時点で、アイリスの恩情の受け手だったということだ（中略）。現在の視点からすると、すべてがあまりに非現実的で、またあまりに古くさく見える。だが、当時は過去のある女性は異なっていたのだ、ちょうど過去そのものが常に〔現在とは〕異なり、常に異国であるように、に。[8]

引用文中で「幸運な人々(fortunate persons)」となっているように、マードックと恋愛関係にあったのは男性だけではなかったようだ。セントアンズの教員(当時は全員女性)の多くからも愛されていたと言われる。[9] そうした関係は結婚後も続いたようだが、マードックとベイリーの結婚は彼女が1999年に亡くなるまで、40年以上続いた。

◇

以上のような話がマードックの道徳哲学の中心にある「善」や「愛」や「注視」の概念を理解するのに役立つ……とはあまり思わないが、次のような彼女のプラトン主義的で抽象的な文章に色彩を与える役には立つかもしれない。

善は愛が本来それへと向かう磁力の中心なのである。(……)そして不完全なものを完全に愛そうとするとき、我々の愛は善を介してその対象に向かうことになり、その愛は純化され、非利己的で正しいものとなる。(……)愛とは愛着を表す一般名であり、限りなく堕落しうるし、また最大の過誤の源泉でもある。しかし、愛が部分的にせよ洗練されるとき、それは善の追求において魂のエネルギーや情熱となり、我々を善につなぎとめ、善を通して我々を世界につなぐ力となるのである。愛の存在は、我々が卓越性に魅了され、善へと向かう霊的存在者であることの紛れもないしるしである。[10]

次章は彼女が学生時代に大きな影響を受けた二人の教員の話をしたい。一人は文献学者のエドアード・フレンケル、もう一人は哲学者のドナルド・マッキノンである。

注

［1］Bayley, J., *Iris: A memoir of Iris Murdoch,* Gerald Duckworth & Co., 1998.（翻訳、ジョン・ベイリー著、小沢瑞穂訳『作家が過去を失うとき――アイリスとの別れ　1』朝日新聞社、２００２年）なお、*Elegy for Iris* という本は題名が異なるが同じ内容である。

［2］Wilson, A. N., "This is not the Iris I knew," *The Telegraphy,* 20 January 2002, https://www.telegraph.co.uk/comment/personal-view/3572054/This-is-not-the-Iris-I-knew.html

［3］Midgley, M., "First Impressions," *The Owl of Minerva: A Memoir,* Routledge, 2005.

［4］Conradi, P. J., *Iris: The life of Iris Murdoch,* W. W. Norton & Company, 2002, at 4.5.

［5］*Ibid.*, at 7.2.

［6］*Ibid.*, at 6.6. なお、このコンラーディは『英国王のスピーチ』の共著者のコンラーディとは別人。

［7］*Ibid.*, at 11.2.

［8］Bayley, *op. cit.*, Part I, sec.3. なお、最後の過去は異国であるという一節は、L・P・ハートリーの小説『仲介者』からの引用だろう。

［9］Conradi, *op. cit.*, at 11.2. この話はマリー・ウォーノックの自伝にも出てくる。Warnock, M., *A Memoir,* Gerald Duckworth & Co., 2000, p.73.

［10］I・マードック著、菅豊彦／小林信行訳『善の至高性――プラトニズムの視点から』九州大学出版会、１９９２年、１６０頁。

こぼればなし⑰

アイリス愛護協会

マードックは一人っ子で父親ととくに仲が良く、10代の初めに全寮制のバドミントンスクールに入るときには、親子ともども心が引き裂かれる思いをしたそうだ。あまりのつらさにマードックは泣きながら髪の毛を振り乱して運動場をぐるぐると走り回り、それからトイレにこもって泣き続けたという。あまりに気の毒なため、心優しいクラスメートの発案により、動物愛護協会ならぬ「アイリス愛護協会(society for the prevention of cruelty to Iris)」が設立され、かわいそうなアイリスをみなで慰めたという。しかし、まもなくマードックは学校生活に慣れ、学業優秀な立派な生徒に育っていった。

(Lipscomb, B. J. B., *The women are up to something: How Elizabeth Anscombe, Philippa Foot, Mary Midgley, and Iris Murdoch revolutionized ethics*, Oxford University Press, 2021, pp.60-61)

こぼればなし⑱

マードックのウィトゲンシュタイン体験

マードックは１９４７年から1年間、ケンブリッジで研究することになった。その頃にはすでにウィトゲンシュタインは教授職を引退していたため、授業に出ることは叶わなかった。しかし、アンスコムの仲介で、その年の10月末に一度だけウィトゲンシュタインの部屋で彼と会うことができた。

よく知られていることだが、ケンブリッジ大学のトリニティコレッジにあるウィトゲンシュタインの部屋にはほとんど何も置かれておらず、マードックが行ったときにも、デッキチェア2脚とキャンプ用ベッド一つしかなかった。ウィトゲンシュタインはマードックに、なぜ自分に会いに来たのかと尋ねて、こう言った。「まるで私の家の庭にリンゴの木があって、みながその実をもいで世界中に発送しているかのようだ。そして君もこう言う。『あなたの木からリンゴをいただけませんか』と」。マードックはこう答えた。「そうです。ですが、私が〔誰かから〕リンゴをもらっても、それが本当にあなたの木から取られたものか、いつもわからないのです」。ウィトゲンシュタインはこの答えが気に入ったようだったが、次のように付け加えた。「一度きりの哲学的議論をする意義はあるのだろうか。それではまるで一度だけピアノのレッスンをするようなものだ」。

ウィトゲンシュタインはマードックについてアンスコムから事前に詳しく聞いていなかったのかもしれないが、もちろんマードックはチューターだったドナルド・マッキノンや友人たちと哲学的議論をしてきたので、彼と一度だけでも議論をすることにはそれなりの意義があっただろう。マードックはもう一度だけウィトゲンシュタインに会う機会があったようだが、彼との出会いはマードックに強い印象を与えたようで、その後マードックはアンスコムの影響もありウィトゲンシュタインの哲学から多くを学んだようだ。

(Conradi, P. J., *Iris: The life of Iris Murdoch*, W. W. Norton & Company, 2002; Lipscomb, B. J. B., *The women are up to something: How Elizabeth Anscombe, Philippa Foot, Mary Midgley, and Iris Murdoch revolutionized ethics*, Oxford University Press, 2021, pp.118-119)

Chapter 15

マードックと二人の教師たち（1）

アイリス・マードックはオックスフォード大で学んでいたときに二人の教師から大きな影響を受けた。一人はエドアード・フレンケル、もう一人はドナルド・マッキノンである。今回は、フレンケルの話をしたい。

◇

前章で述べたように、マリー・ミジリーとマードックがオックスフォードのサマヴィルコレッジに入ったのは１９３８年10月のことだった。その年の初めにはヒトラーの率いるナチス政権がオーストリアを併合し、翌年の9月にはポーランド侵攻により、ついに欧州は第二次世界大戦に突入した。まもなくライルやエアやオースティンといった教員たちが軍で活動するだけでなく、若きヘアをはじめ大勢の男子学生も一兵卒となって戦場へと向かった。

戦争の影響の一つとして、ミジリーはうるさい男子学生がいなかったので勉強がしやすかっ

左端の人物がフレンケル（イタリア語版 Wikipedia にあるパブリックドメインの写真）。

たと述べているが（⇒**Chapter 11**）、もう一つ大きな影響があった。それは、ナチスに迫害されたユダヤ人研究者がオックスフォードに多くいたことである。戦時中、とくに北オックスフォードのバスの車内では、ドイツ語が飛び交っていたという。[1]そのようなユダヤ人研究者の一人にフランクフルト学派のテオドール・アドルノがいるが、別の一人は、エドアード・フレンケル（Eduard Fraenkel, 1888〜1970）である。

フレンケルは1888年にベルリンに生まれ、詳細は略するが、フライブルク大学で古典文献学（philology）の教授になった。[2]ところが1933年にナチス政権が成立すると、ユダヤ人のフレンケルは教授職を解任された。そこで彼は1934年に妻と一緒に渡英し、その年の終わりにオックスフォードのコーパス・ラテン語教授職に就任した。

フレンケルの容姿はインターネットで検索すれば写真が見つかるが、ピーター・コンラーディの記述によると、「背は低く、不釣り合いなまでに大きな頭をしており、立派な額がドーム状の禿げ頭（端に少しだけ髪が残っている）へとつながっていて、きれいな目と、大きな耳と鼻と非常に頑固そうな顎をしていた」。[3]

ミジリーはフレンケルのホラティウスに関する講義に出席したところ、それまで退屈だった古典学への考え方が一変したという。彼がヨーロッパにおいて古典学の研究が次第に発展していく様子を話すのを、ミジリーは次のように回想している。

彼が話していると、すべてのプロセスが活き活きと蘇ってきた。幾世代もの写本家たちやほかの作業をしていた者たち――以前は我々の（読解の）努力に対する単なる邪魔者と思われた者たち――が、次第に同僚として、つまり過去の偉大な思想家たちの著作を理解し使用する努力を共に担う者として立ち現れてきた。（中略）自分が時代を超越した偉大な努力の一部となる感覚――この感覚はオックスフォードの建物からもどのみちある程度は得られるものであるが――は、より明確に、またより直接的になった。[4]

◇

ミジリーの記憶では、マードックはこの講義には出ていなかったが、コーパスクリスティコ

マートン通り。左手はマートンコレッジで，まっすぐ行くとコーパスクリスティコレッジとクライストチャーチがある。この石畳は非常に歩きにくく，ときどき自転車が転倒している。

レッジで行われたアイスキュロスのギリシア悲劇『アガメムノン』のゼミには出席していた。ドイツ式のゼミは当時のオックスフォードでは珍しかったようで、ミジリーは次のように説明している。ゼミは週1回夜の5時から7時に行われ、無断欠席は許されず、病気か死につつある場合は、事前に書面で連絡する必要があった。実際、ミジリーは一度足首を骨折したさいに手紙を出して休んだが、それ以外は5学期にわたって通い続けたという。[5] ゼミは20名ほどで、学生だけでなく教員（フェロー）たちも参加していた。

毎回、読解を行う箇所について学生と教員の二人がそれぞれ事前に勉強して、本番では、それがどういう意味だと考えるか、またなぜそう考えるかを述べる。まず学生が発表し、解釈に行き詰まると、フレンケルがそれはどうしようもなく間違った解釈だと述べ、次に教員が発表するが、やはりフレンケルによって間違いをはっきり指摘される。そのあと、フレンケルが引き継ぎ、関連する他の文章やヨーロッパの歴史にまで話が及び、議論が場合によっては数週間続く……という感じで、「恐ろしい手順だったが、同時にものすごく魅力的なもの」だったようだ。[6]

マードックも、フレンケルが他の研究者による解釈に対しては「ノンセンス」「語るに落ちる」と罵っていたと記しており、「優れた教師は少なからずサディスティックなところがある」と述べていた。[7] 彼女はアガメムノンの授業を絶賛しつつも、「(コーパスクリスティコレッジの隣にある)マートンコレッジの時計の鐘の音を聞くと、今でもあの授業の緊張した雰囲気を思い出す。そして、もし自分の知らないことを聞かれたらどうしようと非常に恐れていたことも」と約四半世紀後に述べている。[8]

マードックらから4年ほど遅れてフレンケルの講義やゼミを受けたマリー・ウォーノックによれば、フレンケルや他の亡命ユダヤ人研究者が行っていた厳密な文献学は、オックスフォードの古典学に、また哲学にも良い影響を与えたという。

秋のテムズ川。遠景に見えるのは Folly Bridge。

我々はこれらの授業から、根拠のないワイルドな解釈の無用さを学んだ。我々は特定の単語がそれが用いられた時代にどのような意味でありえたかと常に問うことを学んだ。(中略)物事を――非常に小さな物事さえをも――正しく理解したいというこの深淵な欲求は、間違いなく戦後の哲学において再び現れたものである。[9]

◇

フレンケルの授業はこのように時に恐ろしいながらも大変刺激的なもので、オックスフォードの学生や教員たちに大きな影響を与えていたようだ。しかし、その一方で、フレンケルには大きな問題があった。彼には女子学生へのセクハラ癖があったのだ。

フレンケルのお気に入りの女子学生は、ゼミ終了後に彼の研究室でチュートリアルを受けたが、それは身体的な接触を含むものだった。後にマードックが夫のジョン・ベイリーに話したところでは、フレンケルとマードックはテキストを開いて隣同士に座り、時には一つの単語に30分ほどかけて解釈を行うこともあったが、そのさいに腕を撫でられたり手を握られたりすることがあったという。[10] また、ウォーノックも同様の経験をしたが、彼女の場合はフレンケルが「キスや不器用な手つきで下着を触る以上のこと」はしなかったという。[11] なお、ミジリーは、自分はチュートリアルに呼ばれなかったため、そのような経験をしなかったと述べている。

興味深いのは、マードックもウォーノックもこうしたセクハラ行為をあまり問題視していなかったことだ。そもそもミジリーとマードックのチューターの一人だったイソベル・ヘンダーソンが二人にフレンケルの指導を受けるように伝えたさい、「フレンケル先生は女性の体に少し触るけど、気にしないでいいわよ」と伝えたというが、[12] それはフレンケルの性癖はすでに大学内で噂になっていたということだろう。しかし、それが大きな問題になることはなかった。マードックの夫によれば、「アイリスは、彼（フレンケル）の行動――今日であればセクハラのショッキングな一例となるもの――に何か危険なものや尊厳を傷つけるようなものがあるとは、一度も思わなかった」。[13] また、ウォーノックも「公的に苦情を言うことができる事柄があるとは、一度も思いつかなかった」と述べている。[14]

このような体験をしてから約30年後にウォーノックとマードックはあるパーティー会場でこの話をする機会があり、お互いが同じ体験をしていたことを知って話が盛り上がったという。そこで二人が同意したのは、一つには、フレンケルの性的行為の不適切さは彼が与えてくれた豊かな知識や彼が開いてくれた広大な地平と比べればまったくもってささいなものと思え、また一つには、身体的なものと知的なものとの結合は世界で最も自然なものと思われ、ある種の理想を示しているとも言えた、ということであった。[15]

◇

ここまでフレンケルのセクハラ癖について述べてきたが、ジョン・ベイリーが言うように、今日であれば大問題になるレベルのセクハラ行為である。仮に私が同じことをしたら、「倫理学者が非倫理的な振る舞いをした」などとソーシャルメディアで非難を受け、当局に念入りに拷問されたうえで火炙り生き埋めにされ、私の著作も焚書に処されて私も著作もそもそも存在しなかったことになることだろう。往時とは人々の道徳的感受性が大きく変わったことを示している。

もっとも、当時においてもマードックやウォーノックらと同じようには思わなかった女子学生もいたようで、ウォーノックの友人でフレンケルから同じような行為を受けた女性は、フレ

再びマートン通り。私の背後，5時の方向にコーパスクリスティコレッジがある。

ンケルの行為を非常に汚らわしいものと感じ、またセックスに対する自分の考え方に長く続く悪影響を及ぼしたと語ったという。そのような女子学生がほかにも少なからずいたことは想像に難くない。

また、ウォーノックの同級生の一人がフレンケルから同じような行為を受けたさい、彼女ははっきり断り、さらに自分のチューターに一部始終を伝えたという。それによって聞き取り調査が行われ、ウォーノックはそれ以降、フレンケルのチュートリアルを受けることはなくなった。しかし、それでフレンケルのセクハラがなくなったわけではなかった。ウォーノックによれば自分より20歳以上年下の女性もフレンケルからセクハラを受けていたとのことで、それが正しければ、1953年に教授職を引退して名誉フェローになってからも同じような行為を続けていたことになる。[16]

しかし、一昔前のこととはいえ、このような権力を利用した不正義がまかり通ってよいものだろうか。いや良くない。そう思ったコーパスクリスティコレッジの学生たちは、2017年に、コレッジ内にある「フレンケル・ルーム」という部屋の名称を変更する決議を行った。[17]死後の復讐というものがあるとすれば、これがそれであろう。オリオルコレッジにあるセシル・ローズ像も撤去が予定されているが、[18]優れた業績を残すと同時に大きな道徳的不正を犯した人物をどう評価すべきかというのは哲学的に興味深い話題ではある。しかし、それはまた別の機会に論じることにしたい。

注

［1］Conradi, P. J., *Iris: The life of Iris Murdoch*, W. W. Norton & Company, 2002. コンラーディの本はKindleで閲覧しているため、ページ数は省略。

［2］「Ｗｅｂあかし」で連載していたさいの原稿では、この一文のあとに「今日、文献学はすでに言語学に吸収合併された学問であるため、現在ではニーチェがもともと文献学の教授だったことくらいしか思い出されないが、ミジリーは文献学を『特定のギリシア語やラテン語の起源や関係についての研究』と説明している。」と書いていたが、古典文献学をやっている先生から、「まだ存続していますよ」と連絡を受けた。どういうことかと調べてみると、英国ではphilologyは敵国ドイツ発祥の学問だとしてこの語を避ける傾向があるが、それ以外の欧州ではまだこの名称が存続しているということのようだ。なお、そのような経緯があるため、英国ではミジリーの言うようにphilologyは「古典語の言語学」ぐらいの意味で用いられており、古典語や古典文学の研究という、より大きな学問領域としては認知されていない。

［3］*Ibid.*

［4］Midgley, M., *The Owl of Minerva: A Memoir*, Routledge, 2005, pp.96-97.

［5］ギリシア語・ラテン語の試験（Honour Moderations）が行われるまでの、最初の約1年半のこと。**Chapter 5** の記述を参照。

［6］*Ibid.*, p.98.

［7］Conradi, *op. cit.*

［8］Conradi, *op. cit.*

［9］Warnock, M., *A Memoir*, Gerald Duckworth & Co., 2000, p.40.

［10］ Bayley, J., *Iris: A memoir of Iris Murdoch*, Gerald Duckworth & Co., 1998.（翻訳、ジョン・ベイリー著、小沢瑞穂訳『作家が過去を失うとき――アイリスとの別れ　1』朝日新聞社、２００２年）ベイリーの本はKindleで閲覧しているため、ページ数は省略。

［11］ Warnock, *op. cit.*, p.70.

［12］ Midgley, *op. cit.*, p.98.

［13］ Bayley, *op. cit.*

［14］ Warnock, *op. cit.*, p.70.

［15］ *Ibid.*, p.77. コンラーディは「それだけでなく、彼女（マードック）は後に、エロスと知性の関係について、哲学思想を作り出すことになるのであった」と述べている。Conradi, *op. cit.*

［16］ *Ibid.*

［17］ "Corpus votes to rename room named after alleged sex offender," *Cherwell*, 27 November 2017, https://cherwell.org/2017/11/27/corpus-votes-rename-room-after-allegations-of-sexual-misconduct/ ただし、これはあくまで学生組織の決議であるため、コレッジとしての正式な決定ではない。新しい名称が決まったという話を聞かないので、時間がかかっているのかもしれない。

［18］「英オックスフォード大学のコレッジ、植民地政治家の石像を撤去する意向」ＢＢＣニュース、２０２０年6月18日、https://www.bbc.com/japanese/53088031 その後、再度検討した結果、費用や建築規制などの考慮から撤去は中止になったという。"Cecil Rhodes statue will not be removed by Oxford College," BBC News, 20 May 2021, https://www.bbc.com/news/uk-england-oxfordshire-57175057

Chapter 16
マードックと二人の教師たち(2)

大学教員には研究者としてより教育者として名を残す者もいる。ドナルド・マッキノン(Donald MacKinnon, 1913~1994)は、その典型であろう。彼はスコットランド西部にあるオーバンというウイスキー蒸留所から発展した町で生まれ、イングランドのウィンチェスターコレッジという男子全寮制の名門パブリックスクールを出たあと、オックスフォード大学のニューコレッジで古典学を学んだ。卒業後にさらに1年間神学を学んだが、この頃にはJ・L・オースティンやバーリンらの「木曜夜の研究会」にも参加していた(⇒ Chapter 8)。

その後、エディンバラ大学で1年間道徳哲学の助手を務め、1940年にオックスフォードのキーブルコレッジでフェローになった。彼は喘息持ちであったため、エアや他の教員たちのように兵役に就くことはなく、戦時中もオックスフォードに残って教育を続けた。[1] マードックやミジリー、フィリッパ・フットなどが彼の薫陶を受けたのはその頃のことである。

キーブルコレッジのチャペル。キーブルの建物はヴィクトリア朝ゴシック様式で有名。

◇

今や神学かキリスト教学を研究しているのでもなければ彼の名前を聞くことはほぼないであろうが、マッキノンは当時のオックスフォードではとりわけその奇行でよく知られていた。[2] 1940年秋から彼のチュートリアルを受けることになったミジリーは、事前に注意を受けていたものの、それでもかなり驚いたという。

マッキノンのチュートリアルはキーブルコレッジのヴィクトリア朝ゴシック様式の建物にある一室で行われた。そこはテーブル以外には何もない部屋で、本や紙が無造作に積み上げられていた。彼はときどき予想のつかない変な動きや苦しんでいるかのような引きつった顔をしたが、それは今日で言えば病名が付くほどのものだったとミジリーは回想している。また、暖炉の火かき棒やその他のものをぶんぶん振り回したり、それらを用いて暖炉を壁から取り外そうとしたりしていたという。さらに、床に寝そべったり、壁を激しく叩いたりもした。長い間沈黙して、学生の話を聞いていないように見えるときもあった。

奇行伝はまだ続く。マッキノンはかなり傷んだ安楽椅子に座ってチュートリアルをしていたが、時にはテーブルの下に仰向けに寝転がり、鉛筆削り用の剃刀の刃でテーブルを切り刻んだり、自分の唇や手の上に剃刀の刃を載せて何度もひっくり返したりしていた。それで鉛筆を削り出すと止まらずに1ダース削ってしまうこともあった。

また、何か説明に困ることが出てくると、義歯を舌の先っぽに載せて、その舌を突き出すこともあった。チュートリアルを受けている学生は、義歯が床に落ちた場合に拾わなくてすむようにと、必死に後ろにのけ反るのが常だったという。さらにまた、マッキノンは部屋にある二つの窓の一つから顔を出して学生に話をすることもあった。学生は彼の声を聞くために、自分ももう一つの窓から顔を出さざるをえず、その姿は建物の装飾に用いられるガーゴイルの彫像のようだったという。

傑作なのが次の話である。[3] ある男子学生が日曜の午前中にマッキノンのチュートリアルを受けることになった。指定された時間に学生が部屋に行くと、マッキノンは風呂に入っていた。ここで普通なら風呂から上がるまで学生を待たせるところだが、マッキノンは学生に、湯船の隣にあるトイレに座ってエッセイを読み上げるようにと指示した。そして指示どおりにトイレに座った学生がエッセイを読み終えると、次にマッキノンは湯船から出て、「タオルがない」と文句を言い出した。そして大声をあげて女性用務員にタオルを持ってこさせようとしたが、いつまで経っても持ってこず、「あの用務員は私のことを変人扱いしている」とぼやき出した。仕方ないのでついには男子学生が志願してタオルを取りに行ったという。

話はさらに続く。マッキノンが服を着ると、二人はセントジャイルズ通りのそばにあるLamb & Flagというパブに出かけた。スコットランド人のマッキノンは自分と学生にそれぞれダブルとシングルのウイスキーを頼み、それを飲み終わってからチュートリアルの続きを行った。「そう、カントがそのように言う**ときは**、彼が**言いたいことは**こういうことであって、そして**それこそ**が**重要**なのだ」という調子で、マッキノンはスコットランド訛りで30分ほど熱心に大声で話したという。

当日のパブの客はすべて兵士たちで、しまいには彼らは完全に沈黙してしまった。といっても彼らは怒っていたわけではなく、理解しているかどうかはともかく、マッキノンの熱弁に聞き入っていたようだ。そして、マッキノンがしゃべり終えると、パブは大拍手に包まれた。ところが、拍手されたマッキノン自身は喜ぶわけではなく逆に深く恥じ入ったという。彼は「意

セントジャイルズ通り。ちょうど移動遊園地が来ているとき。

識的に変人を装っているわけではなく、本物の変人だった」からである。

このような奇行が知られていたが、マッキノンは優れた教育者であり、週80時間と噂されるほど熱心に教えていた。[4] 彼は広く深い哲学的関心を持っており、カントやヘーゲルなどの思想に詳しかった。ミジリーは、自分も含め、マードックやフットがマッキノンのチュートリアルを受けたおかげで、論理実証主義以降のオックスフォード分析哲学の影響を直接受けずにすんだと回顧している。フットも、自分に最も影響を与えた哲学者として、アンスコムとマッキノンを挙げている。[5]

とくにマードックはマッキノンのことをイエス・キリストと考えるほど崇拝してお

り、まったく利己的なところのない、非常に気高くて知的な人物であり、彼のためなら火に焼かれてもよいと思えるような人だと友人への手紙に書いていた。マッキノンもマードックとフットのことを気にかけ、戦時中のボヘミアニズムから彼らを守る保護者を自任していた。[6]

しかし、マッキノンとマードックの仲は傍から見ても深くなりすぎたようで、1943年秋には、二人の関係を心配したマッキノンの妻の介入により、二人は絶縁状態になった。その後も二人は数回会うことがあったが、1947年にマッキノンがアバディーン大学の道徳哲学の教授としてスコットランドに移り住むと、二人の関係はまったく途絶えてしまった。マードックはそのことを深く悲しんだという。マッキノンはその後、1960年にはケンブリッジ大学の神学の教授になり、78年に引退するまでその職を務めた。

◇

マードックが1948年にセントアンズコレッジのフェローになると、マッキノンを彷彿とさせるチュートリアルをしていたようだ。彼女もチュートリアルをするさいに床に座るか寝そべるかしていた。ストッキングをはかずにソファに寝そべり、足には自転車に乗ってはねた泥が付きっぱなしだったことも、また、洗ったばかりの濡れた髪のままチュートリアルをすることもあったという。さすがに湯船に入ったままチュートリアルをすることはなかったようだが。

さらに、ある女子学生が入学面接を受けたとき、なぜ哲学をしたいのかとマードックが尋ねたことがあった。学生が「賢くなりたいからです」と答えると、マードックは腹を抱えて笑い転げた。この学生は当然ながらこの反応にひどく傷ついたようだが、数日後に合格通知が届くと、マードックのことを赦したという。

チューターとしてのマードックの評価は良いものも悪いものもあったようだ。種目の多い体操競技ではないが、教育者、研究者、小説家など、すべての役割において秀でるのは今も昔も大変なことであろう。いずれにせよ、フレンケルやマッキノンといった教師に恵まれ、マードックは優秀な成績で大学を卒業し、哲学者兼小説家の道を歩むことになる。

マードック関係の話はこのぐらいにして、次は彼女の親友であったフットの話をしたい。

注

［1］マッキノンの生涯について、詳しくは以下を参照。Sutherland, Stewart, "Donald MacKenzie MacKinnon 1913-1994," *Proceedings of the British Academy*, Vol.97, 1998, pp.381-389.

［2］これ以降の記述は主に以下を参照した。Conradi, P. J., *Iris: The life of Iris Murdoch*, W. W. Norton & Company, 2002; Midgley, Mary, *The Owl of Minerva: A Memoir*, Routledge, 2005.

［3］この逸話はConradi, *op. cit.* より。この男子学生は後にキーブルコレッジの学寮長にもなるDennis Ninehamという神学者である。

［4］なお、マッキノンは兵役に就けなかったことを深く恥じており、そのこともあって新婚の妻とは同居せず、学生の教育に打ち込んでいたとされる。Conradi, *op. cit.*

［5］Voorhoeve, A., *Conversations on ethics*, Oxford University Press, 2009, p.87. なお、マードックやフットとは対照的に、R・M・ヘアも戦後すぐにマッキノンのチュートリアルを受けたが、「有名なオックスフォードの奇人」の言うことは一つも理解できず、良い本を勧めてもらった以外は影響を受けなかったという。Hare, R. M., "A Philosophical Autobiography," *Utilitas*, Vol.14, No.3, 2002.

［6］Conradi, *op. cit.*

Chapter 17

フットとマードックと平底ボートの靴

エリザベス・アンスコム、アイリス・マードック、マリー・ミジリー、フィリッパ・フットの女性哲学者たちを4人姉妹に喩えると、アンスコムが長女、マードックとミジリーが双子の次女・三女、そしてフットは末っ子ということになる。最初の3人は1919年生まれであるが、3月生まれのアンスコムがオックスフォード大学に入学したのは1937年であり、7月生まれのマードックと9月生まれのミジリーが入学したのはその翌年のことだった。[1] フットは1920年10月生まれで、第二次世界大戦が始まった1939年にサマヴィルコレッジに入学した。

フットといえば、1950年代末に出した二つの論文「道徳的議論」および「道徳的信念」で、ムーアから始まりエアからヘアへと至る主流道徳哲学を批判したことや、また最初に「トロリー問題」を思考実験として発案したことでも有名だが、今回はそういう話は抜きにして、

彼女の生い立ちと戦時中のマードックとの共同生活を中心に話してみよう。[2]

◇

フットの父親は鉄鋼業の実業家であり、母親は米国人である。フットの母方の祖父はグローヴァー・クリーヴランドという、米国大統領にもなった民主党の政治家であり、フットの母親は大統領の住むホワイトハウスで生まれている。子どもの頃のフットは年子の姉のマリオンと一緒に狩猟をする貴族的な生活をしていた。女子は勉強する必要はないという家族の方針のもと、フットは学校に行かず、ガヴァネス（女性家庭教師）たちから教育を受けていた。だが、彼女たちからは「（歴史で活躍するのは）ギリシア人が先か、ローマ人が先か」すら教わらなかったとフットは後に述懐している。

ところが、彼女はある大学卒のガヴァネスに感化さ

ロンドン・ヴィクトリア駅の構内。

れて通信教育を使って勉強し、サマヴィルコレッジに入学することになった。[3] 家族の友人は女性のフットが大学に入ると聞いて驚き心配したが、「まあ問題ないわね。彼女は賢そうに見えないから」と述べたという。大学を出た女性でも、賢そうに見えなければ良縁があるだろう、ということだ。

フットは学部ではPPE（哲学・政治学・経済学）を専攻した。哲学については前章で取り上げたドナルド・マッキノン、また経済学についてはトマス・バーロウ（ハンガリー生まれのユダヤ人で1938年にイギリス市民権を得ている）に教わったという。彼らのチュートリアルはとても厳しく、フットは「水曜日はカントの純粋理性批判で、金曜日はケインズの雇用（利子および貨幣）の一般理論のチュートリアル。すごく大変だった」と振り返っている。[4]

1943年に卒業後、フットは秋からロンドンにあ

若い頃のフット（英語版 Wikipedia より）。

る王立国際問題研究所（「チャタムハウス・ルール」で知られるチャタムハウス）で、欧州の戦後復興に関する研究助手として働くことになった。このとき、すでにロンドンの財務省で働いていたマードックと1年半ほど、ウェストミンスターのフラットで同居することになる。

ウェストミンスターと言えばビッグベンや英国議会などのある、日本で言えば永田町に相当する政治の中心地だが、マードックが1942年夏にバッキンガム宮殿の少し南、ウェストミンスター大聖堂の少し北に位置する場所に住まいを見つけられたのは、ミジリーに言わせると、その建物がドイツ軍に爆撃されて、屋根に穴が空き、マードックが住んでいる大きな屋根裏部屋の床にも穴が空いていたからだった。[5] 建物のほぼ真下にセントジェームズパークという地下鉄の駅があるため、地下鉄が走るときには部屋も揺れた。ドイツ軍の空襲だけでなく後にはV1ミサイル、V2ロケットによる攻撃もあり、夜中に爆撃があったときには、爆弾の破片を避けるために鉄製の風呂おけの中で寝たこともあったとマードックは回想している。また、当時は爆撃で家を失った多くの人々が地下鉄の駅で寝泊まりしていたという。[6]
1943年の秋頃にフットがマードックのフラットで同居するようになると、毛布が足りないため、灯火管制用の布も毛布代わりに使う必要があった。しかし寒い冬の夜にはそれでも足りず、二人はガス式暖炉に加えてガスオーブンもつけっぱなしにして、さらにコートを羽織り、湯たんぽを抱えて寝たという。そうして朝起きると、近くの喫茶店で朝食と暖をとった。ときどきは、前出のトマス・バーロウやニコラス・カルドア（有名な経済学者）のような年上の男性の友人が来て、食事をごちそうしてくれることもあった。ちなみに、バーロウとカルドアは、二人ともハンガリー出身のため、あだ名がそれぞれ「ブダ」と「ペスト」だったそうだ。
食事だけでなく衣服も配給制だったため、フットとマードックは二人で3足の靴を使い回していた。マードックの靴があまりにぼろぼろになって修理に出したときに、フットがマードックに靴を貸したところ、ぺったんこの「平底ボート」のようになって戻ってきたので、フットはひどく文句を言った。それ以降、その靴は「平底ボート」と呼ばれるようになったという。[7]しかし、貧しいけれども二人の間では笑いが絶えず、20代前半の二人にとっては楽しい同居生活だったようだ（⇒**Chapter 14**）。

◇

だが、フットとマードックの友情は、複雑な恋愛関係によって試されることになる。フット

ロンドン自然史博物館のスケートリンク。隣にある科学博物館にはV1ミサイルやV2ロケットの展示がある。

は以前チューターだったトマス・バーロウと恋仲になっていたが、バーロウはフットと同居していたマードックと知り合うや否や、彼女とも恋愛関係になった。フットはバーロウが多くの女性と付き合っていることを知っていたが、それでもバーロウとマードックの二人に裏切られた気になり、悔しくて眠れない夜を過ごしたという。

マードック自身は、バーロウと付き合う少し前から、大学で同期だった友人と恋愛関係にあった。だが、バーロウの指示もあり、彼とは別れることになる。この友人もマードックの仕打ちにひどく傷つき、失意のどん底にあったが、フットは不幸そうな顔をした彼に一目惚れし、二人は付き合うことになった。彼の名はマイケル・フットであり、二人はすぐに婚約して、戦後まもなく結婚することになる。[8]

マードックとバーロウのほうは結婚も噂されたが結局はうまくいかず、マードックはバスの車内で堪えきれずに涙を流すほどの失恋を経験し、それとは対照的にフットはマイケルと幸せになった。ある時には、フットがマイケルと一緒に過ごすためにマードックをフラットから追い出すこともあったという。「わかった。行くわよ、行けばいいんでしょ」とマードックは叫んで、荷物を集めて出て行ったという。[9]

ロンドンのノッティングヒルゲート駅。

このように二人は恋愛関係で一時的に仲違いしたものの、その後も親友だったようで、戦後にフット夫妻がオックスフォードに移り住んださいにはマードックは二人のところにしばらく居候したこともあった。また、マードックが後年に認知症になってからも、フットは一緒にランチをするなどして、生涯仲良く付き合ったという。

次章では戦後のフットについて話そう。

注

［1］これは二人の生まれた月が遅いというのではなく、アンスコムと違い二人は古典語がほとんどできなかったため、1年間古典語を学んでから大学に入学するという条件でサマヴィルコレッジから合格をもらっていたからだった。なお、フットはPPE専攻だったので、このような条件なしに翌年に入学した。

［2］フットの伝記はまだ存在しない。以下の記述は、主に下記の文献による。Conradi, P. J. and G. Lawrence, "Professor Philippa Foot: Philosopher regarded as being among the finest moral thinkers of the age," *The Independent*, 19 October 2010; "Professor Philippa Foot," *The Telegraph*, 5 October 2010; Conradi, P. J., *Iris: The life of Iris Murdoch*, W. W. Norton & Company, 2002; Krishnan, N., "Is goodness natural?" *Aeon*, 28 November 2017.

［3］このあたりの記述は文献によってまちまちであるが、ロンドン郊外のアスコットにあるセントジョージという当時は花嫁修行をするための1年制の女子校も卒業したようだ。

［4］この引用は *The Telegraph* の記事より。

［5］Midgley, M., *The Owl of Minerva: A Memoir*, Routledge, 2005, p.134.

［6］Conradi, *op. cit.*

［7］*Ibid.*

［8］二人は1944年6月に婚約し、翌年6月に結婚した。ただしその間、マイケル・フットはSAS（特殊空挺部隊）の兵士として従軍しており、1944年夏にフランスのサンナゼールでドイツ軍に捕虜として囚われ、その冬に捕虜交換によって解放されるまでの間に大怪我を負った。フィリッパ・フットは当時、心配で夜も眠れず、ロンドンの街を夜中にさまよい歩いたという。Conradi, *op. cit.*

［9］*Ibid.*

こぼればなし⑲　フットの映画館での経験

第二次世界大戦中にナチスが強制収容所で行ったことについて、英国では戦時中は情報統制が敷かれていた。これは、英国政府が兵士の士気の低下を恐れたのと、市民が映像を信じずプロパガンダだと考えて政府に対する不信を強める恐れがあったからだとされる。それゆえ、英国市民が強制収容所での想像を絶するような残虐行為を知るようになったのは、戦後まもなくの映画館でのニュース映像によってであった。当然ながら当時はまだテレビがないので、市民は映画の前に放映されるニュース映像で情報を得ていた。強制収容所のニュース映像は市民に大きな衝撃をもたらし、通常のニュースの場合と違い、長い間映画館で放映され続けたという。

フィリッパ・フットが夫のマイケル・フットとロンドンからオックスフォードに戻ってきて落ち着いた頃、彼女も映画館に行き、映画の前に放映されるニュース映像を見た。そして彼女も大きな衝撃を受けて映画館を後にした。それから彼女はキーブルコレッジに行き、元チューターのドナルド・マッキノンと面会した。二人は向かい合ってアームチェアに座り、長い間沈黙していたという。そしてフットが「これからは何一つ、以前と同じままではありえないでしょうね」と言うと、マッキノンも同意して「そのとおり。何一つ、以前と同じままではありえないだろう」と述べた。

フットは大学院生としてサマヴィルコレッジに戻ったらロックとカントの実体概念について研究する計画を立てていたが、戦前のエアのような倫理学では強制収容所で起きたことやそれに対する人々の反応を適切に説明することはできないと考え、倫理学の研究をすることにしたという。

(Lipscomb, B. J. B., *The women are up to something: How Elizabeth Anscombe, Philippa Foot, Mary Midgley, and Iris Murdoch revolutionized ethics*, Oxford University Press, 2021, pp.3-4)

こぼればなし⑳ フットの離婚

フィリッパ・フット（旧姓ボザンケット）はマイケル・フットと戦後まもなく結婚してオックスフォードに移り住んだ。二人は子どもが欲しかったが、教育に熱心なフィリッパが忙しすぎたこともあり、なかなかできなかった。1950年代に入ってフィリッパの研究成果が次々と出てきたところで、1959年3月にいきなりマイケル・フットはフィリッパと離婚した。フットが38歳のときである。

マイケル・フットが後に出した自伝によれば、「私は熱烈に子どもが欲しいと思っていたが、彼女は子どもが産めないことがわかった」とのことだった。彼は秘書だった女性と翌年に結婚してロンドンで暮らし始めた。フィリッパはショックで予定していたヘアとの共同セミナーの中止を申し入れ、その後アイリス・マードックをはじめ、友人たちの助けもあって何とか持ち堪えたという。しかし、これがきっかけでフィリッパはオックスフォードに居づらくなり、アンスコムがケンブリッジに移る頃に彼女も米国に移住することになった。

なお、マイケル・フットは二人目の妻との間に二子をもうけたが、1972年にまた別の女性と結婚し、二人目の妻との離婚訴訟で子どもの養育権と財産のほとんどを失うことになった。フィリッパはマイケルにいろいろ言いたいことがあっただろうが、友人としての関係を続けた。とはいえ、2000年に二人で会ったあとには、日記に次のように記していた。「彼を失ったことを少しでも後悔することがないように（書いておくと）、彼はいつもどおりの最低の男だった。彼は自分の孫息子の遺伝子に大喜びしていた」。

(Lipscomb, B. J. B., *op. cit.*, pp.179, 196-197, 268; Foot, M. R. D., *Memories of an SOE historian*, Pen & Sword Military, 2008, pp.186-214)

Chapter 18

ローラー車に轢かれるフット

ヨーロッパでは1945年5月8日が終戦記念日であるが、それから約1ヶ月半後の夏至の頃に、フィリッパ・ボザンケットはマイケル・フットと結婚してフィリッパ・フットを名乗るようになった。二人はロンドンからオックスフォードに戻り、夫のフットは戦争で中断されていた学部での勉強を再開し、妻のフットは大学院でカントを学んで修士号を取った。[1] 彼女はその頃からアルバイトでチュートリアルをしていたが、1949年にはサマヴィルコレッジで初の哲学のチュートリアル・フェローになった。今回は、当時のエピソードをいくつか紹介しよう。

◇

フットがアルバイトでチュートリアルをしていた当時、マリー・ウォーノックは間接的に彼女のチュートリアルを受けた。[2] 1924年生まれのウォーノックは、フットたちより少し遅れて1942年にオックスフォード大学のレディマーガレットホール（LMH）に入学したが、1944年に戦争で学業が中断されたため、1946年にまた学部生として戻ってきた。そのため、彼女はアンスコムやフットの同世代というよりは、彼女らから教育を受ける関係だったと言える。

ウォーノックがフットから間接的にチュートリアルを受けたというのはこういうことだ。ウォーノックのいとこのジェニー・ターナーも戦後にLMHに入学し、寮ではウォーノックの隣の部屋に住み、二人は暖炉の火とコーヒーとタバコを分かちあいながら生活していた。古典学を専攻していたウォーノックはまだギリシア語とラテン語を苦心して学んでいたが、PPE（哲学・政治学・経済学）を専攻していたジェニーは、ウォーノックよりも一足先に哲学を学んでおり、そのうちの1科目のチューターがたまたまフットであった。チュートリアルのテーマは、フットが以前ドナルド・マッキノンから教わっていたカントの純粋理性批判である。

オックスフォード大学の演劇部（OUDS）に所属して忙しい学生生活を送っていたジェニーは、チュートリアルが迫ってくると毎回危機を迎えていた。そこで、ウォーノックはジェニーと一緒に純粋理性批判を勉強し、チュートリアルの準備を手伝ったという。「私にも理解できないところが出てきた場合は、ジェニーをチュートリアルに派遣して、自分の質問だけでなく私からの質問も尋ねてもらうようにした。そしてエッセイを書く夜になったら、一緒に

フット。米国大統領の孫という出自のこともあり，「哲学の貴婦人（Grande dame of philosophy）」と呼ばれていた。

なってフットが提示した問いへの回答を作成した」。女優を目指していたジェニーがフットの口吻を真似てチュートリアルでの議論を再現してくれたので、後にウォーノックが直接フットに会ったときには、「彼女のことをすでに知っているように感じた」。ただ、ジェニーのエッセイをこっそり手伝っていたことはフットには言わなかったそうだ。

◇

フットとアンスコムの関係も興味深い。フットがサマヴィルコレッジに戻ってきたのと同じ頃、アンスコムはケンブリッジ大学のウィトゲンシュタインのところでの研究期間を終え、サマヴィルのリサーチ・フェローとしてオックスフォードに戻ってきた。二人はそこで60年代の終わりまで同僚として教育と研究を行うことになる。フットはよくアンスコムと哲学の議論をしたとして、２００２年のインタビューで次のように振り返っている。

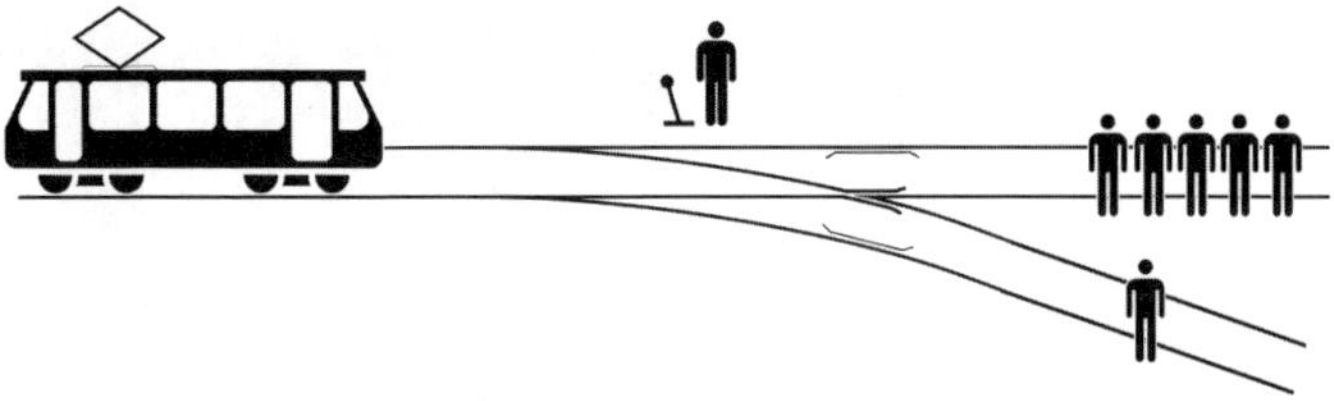
トロリー問題（Wikipediaより）。

アンスコムはよく私のセミナーに出席していました。私も彼女のセミナーにいつも出席して、たいていは、彼女の言うことのほとんどすべてに反対しました。当然ながら、私がいつもやり込められていました。しかし、私は次の週も、彼女のセミナーに出て反論するのでした。それはまるで、古い子どものマンガの中で、登場人物がローラー車に轢かれてぺったんこにされ地面に引かれた線分のようになってしまうけれど、次の回では何ごともなかったかのように復活している、という感じでした。私はそうした登場人物の一人のようなものでした。[3]

このような毎回ローラー車に轢かれる思いをした経験が、有名なトロリー問題の着想につながった……わけではおそらくないだろうが、「ローマ教皇よりも厳格なカトリック教徒」であったアンスコムとの対話の中でこの事例が生まれてきたのは想像に難くない。トロリー問題は、カトリックの教義である「二重結果論」の妥当性を検討する論文の中で登場した思考実験だからだ。[4] フットは「証明書

12 月のオックスフォードの公園。クモの巣に霜が降りていた。

付きの無神論者」であったため、政治や宗教の話はまったく合意が成り立たなかったというが、二人の間では実りのある哲学的議論が行われていたようである。

フットが50年代の終わりにサバティカルを取ったときにアンスコムが現代道徳哲学の批判を始めたのはすでに述べたとおりである[5]（⇒**Chapter 13**）。フットは1967年から2年間、サマヴィルコレッジの副学寮長をやったのちに、チュートリアル・フェローを辞めてリサーチ・フェローとなり、活躍の場を徐々に米国に移すことになる。[6]その背景には、フットが1959年に離婚したこともあるようだ。一方、アンスコムも1970年にケンブリッジの哲学教授になり、オックスフォードを離れることになる。

◇

フットは寡作だった。編著を除けば、彼女は2010年に90歳で亡くなるまでに2冊の論文集と、1冊の単著を出しただけだった。[7]自分がゆっくり考える思想家であることは、彼女自身が認めている。「私はまったく賢くありません。私の思考はひどく遅いのです、本当に。けれども私は、重要なことは何かについて鼻が利きます。最も優れた哲学者は賢さと深さの両方を持ち合わせているものですが、私はいつだって賢さよりも良い鼻を選びます！」。

また、単著が出版されたのも、フットが80歳になった2001年のことだった。これは50代後半で『純粋理性批判』を出したカントと比べてもさらに遅い。出版時の年齢もさることながら、この比較的薄い本が構想されたのは1980年代の中盤だったというから、出版までゆうに10年以上かかっている。このような事情もあり、出版のさいに彼女の編集者は、「哲学を十分にゆっくりすることは不可能だ」というウィトゲンシュタインの言葉を引用して、次のように冗談を言った。「(遅筆の) フィリッパはどうやらこの問題を解決したようだ」。[8] 遅筆の人には励まされるエピソードであるが、真似をしたい場合は長生きできるように健康に気をつける必要があるだろう。

注

［1］"Professor Philippa Foot," *The Telegraph*, 5 October 2010. なお、*The Telegraph* では修士の学位は B.Litt. になっているが、Voorhoeve のインタビューでは M.A. になっている。Voorhoeve, A., *Conversations on ethics*, Oxford University Press, 2009, p.87. また、夫のフット（M. R. D. Foot）は後に歴史学者になっている。

［2］以下のエピソードは、ウォーノックの自伝より。Warnock, M., *A Memoir*, Gerald Duckworth & Co., 2000, pp.48-49. ウォーノックについては本書の **Chapter 11, 12** も参照。

［3］Voorhoeve, *op. cit.*, pp.92-93.

［4］トロリー（ここでは路面電車）が暴走しており、このまま進むと5人が轢かれて死ぬ。真ん中にいる人物がスイッチを切り替えることでトロリーは側線に入り5人は助かるが、代わりに側線の先にいる一人が死ぬことになる。スイッチを切り替えるべきか、という思考実験で、フットが１９６７年の「中絶の問題と二重結果論」で最初に論じた。Foot, P., "The Problem of Abortion and the Doctrine of Double Effect," *Virtues and vices and other essays in moral philosophy*, Clarendon Press, 2002, pp.19-32.

［5］なお、フットは１９５８年にヘアの道徳哲学を批判する論文を出しているが、アンスコムやマードックよりも主流のオックスフォード言語哲学に近かったようで、女性の中では唯一、オースティンの「土曜朝の研究会」に招かれている。Conradi, P. J., *Iris: The life of Iris Murdoch*, W. W. Norton & Company, 2002.

［6］60年代以降、コーネル、バークリー、ＭＩＴ、プリンストン、ニューヨーク、スタンフォードなどで客員教授をしたあと、最終的に１９７６年にＵＣＬＡの教授になる（１９９１年に退職）。

Conradi, P. J. and G. Lawrence, "Professor Philippa Foot: Philosopher regarded as being among the finest moral thinkers of the age," *The Independent*, 19 October 2010.

［7］Foot, P., *Virtues and vices and other essays in moral philosophy*, Clarendon Press, 2002; Foot, P., *Moral dilemmas and other topics in moral philosophy*, Clarendon Press, 2002; Foot, P., *Natural goodness*, Clarendon Press, 2001.（翻訳、フィリッパ・フット著、高橋久一郎ほか訳『人間にとって善とは何か――徳倫理学入門』筑摩書房、２０１４年）

［8］Voorhoeve, *op. cit.*, p.94; Conradi and Lawrence, *op. cit.* フット自身もインタビューの中でこの冗談に言及しているので、お気に入りのものだったようだ。

Chapter 19
ミジリーと配管工

マリー・ミジリーはアイリス・マードック、エリザベス・アンスコム、フィリッパ・フットと並ぶ、オックスフォードの女性哲学者4人衆の一人だが、残念ながら日本ではほとんど知られていない。[1] しかし、2018年に99歳で亡くなるまで活発に活動したこともあり、英国では有名な知識人である。今回は彼女を簡単に紹介しよう。[2]

ミジリーは4人衆の中では、オックスフォードにいた期間が最も短い。1938年秋にマードックと一緒にサマヴィルコレッジに入学し、戦前に卒業した（専攻は古典学）。戦後に大学院に進むが、**Chapter 6**で紹介した新設のB.Phil.には入らず、昔ながらのD.Phil.課程に入り、プロティノスを研究した。しかし、学位は取らずに研究を中断している。1948年にセントアンズコレッジとセントヒューズコレッジのチューター職に応募したが、それぞれ、同期のマードックと後輩のマリー・ウォーノックに敗れ、代わりにオックスフォードとロンドンの

ニューキャッスル駅。オランダからフェリーに乗ってエディンバラに行く途中で利用した。

間にあるレディング大学で教えることになった。本人は自伝で、オックスフォードに残らなかったことは結果的に幸運だったと述べているが、当時は悔しかったに違いない。

その後、彼女はジェフリー・ミジリーという同じくオックスフォード卒の哲学者と1950年に結婚し（マードックがブライズメイドを務めた）、スコットランドにほど近いニューキャッスルに引っ越し、死ぬまでそこで暮らすことになる。彼女はそこで3人の子どもを育てたあと、ニューキャッスル大学で哲学教員を務め、1978年に、50代後半になって初めて単著（『野獣と人間』）を出版する。その後、次々と著作を発表し、メディアにもよく出演する有名な哲学者となった。

なお、彼女はニューキャッスル大学の教員を1980年に早期退職したが、その後、サッチャー政権において大学への運営交付金削減の暴風が吹き荒れ、そのあおりでニューキャッスル大学の哲学科も大幅に縮小された。哲学科の長として渦中にあった夫のジェフリーは、心労のため定年後しばらく鬱状態に苦しんだという。サッチャーはミジリーと同様、サマヴィルコレッジの卒業生であるが、化学を専攻しており、「役に立たない」学問を敵視していた。

◇

先に、オックスフォード大学に残らなくてよかったというくだりがあったが、ミジリーの不満は二つあり、一つは当時のオックスフォードの道徳哲学の射程があまりに狭く、R・M・ヘアに代表されるように、道徳の言語の分析に集中して社会問題に取り組まなかったことだ。もう一つは哲学的議論の仕方がマッチョであったことである。後者に関連して、なぜ戦後のオックスフォードで女性哲学者が次々に現れたのかという問いに対するミジリーの回答を紹介しておこう。

問題なのは、多くの賢い若い男性に対して、論争に勝利することを競わせることによって生まれる、特定の哲学スタイルです。こうした若者たちは、単純な二項対立から一連のゲーム

オックスフォード大のシェルドニアンシアター。教職員の総会（Congregation）や，入学式や卒業式が行われる。2019 年 10 月 2 日にはニューコレッジの名誉フェローであるドーキンスの新著の出版記念イベントが行われ，1000 人入る会場がほぼ満員になった。

を作り出し、最終的にはほかの誰もが何の話をしているのかわからなくなるまで洗練させてしまうのです。これは、内輪のグループの外部からやってきた誰かがまったく別のトピックへと会話を移行させることにより最終的に爆発させるまで続きます。すると、そのゲームは忘れ去られるのです（……）。対照的に、戦時中のクラスでは、女性だけでなく男性（良心的兵役拒否者など）もいましたが、論争することに熱心ではなかったのです。明らかに我々はみな、お互いをやっつけることよりも、非常に不可解なこの世界を理解することに関心がありました。[3]

このような発言から、読者は柔和な性格の人物を想像するかもしれない。だが、彼女は科学が世界全体を説明できるというような科学万能論を終生厳しく批判し、高齢になってもオックスフォード哲学流の戦闘的な論者として恐れられていた。とくに、生物学者のリチャード・ドーキンスに対しては、ほとんど常軌を逸していると思えるような激しさで批判を行ったことで有名だった。

ミジリー自身は、コンラート・ローレンツやジェーン・グドールらの動物行動学に魅せられ、人間とそれ以外の社会的動物の行動の連続性について共感的な理解を示していたが、ドーキンスが『利己的な遺伝子』を発表すると、これは「人間は他人に親切にするときでさえも、常に自己利益最大化のために行動している」と考えるホッブズ的な心理的利己主義の再来であると彼女は考え、激しく批判した。[4]

ドーキンスは、遺伝子の利己性というのは比喩であり、人間が利己的であるとは一言も言っていないと反論したが、ミジリーは聞く耳を持たず、ドーキンスをひたすら批判し続けた。ドーキンスもミジリーを蛇蝎のごとく嫌っていたようで、『利己的な遺伝子』の注にも、「極度に節度に欠け、悪意に満ちた論文」を書いた「メアリー・ミッジリーとかいう人物」に対する批判が述べられている。[5] ミジリーの生誕100周年の記念シンポジウムでも二人の関係が大きな話題となっていたが、ドーキンスはミジリーと同じ学会には絶対に出ないと公言していたそうだ。[6]

◇

最後はもう少し感じの良い話で終わりにしよう。ミジリーの自伝は『ミネルヴァのフクロウ』と名付けられているが、これはもちろん、ヘーゲルの『法の哲学』の序文にある「ミネルヴァのフクロウは黄昏に飛び立つ」という一文から取られたものだ。私はこれを、哲学者としての彼女の成功が遅く到来したことの比喩として理解していた。だが、自伝の序文を読み返してみると、むしろフクロウが象徴している知恵ないし哲学が本領を発揮するのは、物事が明らかで単純なときではなく、昏くなり複雑になったときだということを言いたいのだと記してある。

この、哲学は思考のシステムが故

ミジリーの生誕100周年の日にシンポジウムが行われたロンドンのコンウェイホール。大英博物館から東に10分ほど歩いたところにある由緒ある建物で，エアやB. ラッセル，トマス・ハクスリーやジュリアン・ハクスリーもここで講演を行った。

障したときに役立つという発想を、彼女自身は「配管工としての哲学者」という比喩で表現している。[7] 我々の高度な文化の背景には、水道管のように複雑な思考のシステムが隠されているが、ときどき故障するため、個人的にも社会的にも精神の危機をもたらすことがある。その修理を専門とするのが哲学者だ、という理解である。配管工（plumber）は、日本では代表的な職種とは言えないと思われるが、家の水道管がよく故障する英国では代表的な職種の一つであり、この比喩が用いられているのもそれゆえだろう。専門的技術を持った配管工が社会に欠かせないのと同様、専門的知識を備えた哲学者も社会に欠かせない——このような仕方で、ミジリーは哲学の必要性を社会に訴えていたように思われる。

ちなみに、私が渡英中に住んでいたフラットでは水道管は一度も壊れなかったが、乾燥機付き洗濯機は乾燥機をかけるたびに頻繁に故障し、そのたびに修理工に来てもらっていた。英国ではいろいろなものが壊れることで多くの職業が成り立っているようだ。英国で哲学が盛んなのはそのような背景もあるのかもしれない。

注

[1] 主著とは言えない著作について、1冊だけ翻訳がある。M・ミッジリー／J・ヒューズ著、五條しおり／中村裕子訳『女性の選択——フェミニズムを考える』勁草書房、1990年。

[2] 以下の記述の典拠は、断りがない限り、ミジリーの自伝である。Midgley, Mary, *The Owl of Minerva: A Memoir*, Routledge, 2005.

[3] Midgley, Mary, "The golden age of female philosophy（Letter）," *The Guardian*, 28 November 2013, https://www.theguardian.com/world/2013/nov/28/golden-age-female-philosophy-mary-midgley

[4] Midgley, Mary, "Gene-juggling," *Philosophy*, Vol.54, No.210, 1979, pp.439-458.

[5] リチャード・ドーキンス著、日高敏隆／岸由二／羽田節子／垂水雄二訳『利己的な遺伝子 40周年記念版』紀伊國屋書店、2018年、477頁。なお、この経緯をより詳しく知りたい場合は以下も見よ。ウリカ・セーゲルストローレ著、垂水雄二訳『社会生物学論争史——誰もが真理を擁護していた1・2』みすず書房、2005年。

[6] 2019年9月7日にロンドンのコンウェイホールで行われたシンポジウム。https://e-voice.org.uk/kingstonphilosophycafe/news/mary-midgeley-at-100/

[7] Midgley, Mary, "Philosophical Plumbing," *Royal Institute of Philosophy Supplement*, Cambridge University Press, 1992, pp.139-151.

こぼればなし㉑　マードックとミジリーのポスト争い

１９４８年にセントアンズコレッジで哲学のチューターの公募が出た。すでにサマヴィルコレッジでチューターをしていたフットは手紙を書いてマードックに公募を知らせると同時に、ミジリーも応募予定だと伝えた。マードックはミジリーと競争しても勝てないだろうけれど、チューターになりたいので出すと返事をした。マードックとミジリーは二人とも同じ推薦者2名から推薦をしてもらった。推薦状の中身についての詳細は省くが、結局7月に採択の通知をもらったのはマードックだった。ミジリーは腹いせにフットの家の花壇にあったアヤメ（英語ではマードックの名前と同じ「アイリス iris」）の花をすべて切り落としてしまったが、まもなくマードックとは仲直りをしたという。このあと、マードックは以前恋愛で揉めたフット家に居候することになる。

(Lipscomb, B. J. B., *The women are up to something: How Elizabeth Anscombe, Philippa Foot, Mary Midgley, and Iris Murdoch revolutionized ethics*, Oxford University Press, 2021, p.98; Mac Cumhaill, C. and R. Wiseman, *Metaphysical animals: How four women brought philosophy back to life*, Doubleday, 2022, pp.207-208)

Chapter 20 悩みがないことに悩むウォーノック

マリー・ウォーノック（1924〜2019）は、5人きょうだいの末っ子だったが、エリザベス・アンスコムやフィリッパ・フットたちの女性哲学者4人衆との関係でも、5人目の末っ子の位置にあった。本書ですでに見てきたように、この5人の中で戦後に学部を卒業したのはウォーノックのみだったため、すでに戦前に卒業していたアンスコムやフットはウォーノックの先輩というよりは先生だった。また、ウォーノックはギルバート・ライルが戦後に始めたB.Phil. コースの2期生でもあり、その意味でも新しい世代に属していた。

ウォーノックはサルトルや実存主義についての著作があり、サルトルおよび実存主義研究が専門ということになっているが、彼女の自伝では研究テーマをなかなか選べなかった苦労が記されている。今回はそのあたりの話をしよう[1]。

◇

ウォーノックの自伝（回想録）。

戦後まもなく、まだ学部生だったウォーノックがアンスコムにチュートリアルを受けていたことはChapter 11で話したが、ウォーノックはアンスコムによく「あなたはどんな哲学的問題に悩んでいるのか」と尋ねられて、困ったという。正直なところ、彼女はそんなに悩んでいなかったのだ。

そんなウォーノックから答を引き出すために、アンスコムは「自分がかつて学部生だった頃には……」とよく自分の話をしたそうだ。アンスコムが言うには、彼女は知覚の問題に死ぬほど悩んでいた。「たとえば、我々が目の前にあるマッチ箱を見ているというとき、本当に見ているものは何なのか。それは、長方形で、黄色っぽい『センスデータ（感覚与件）』なのか。それは一組の複雑な『データ』なのか。それは我々自身の心の中にある印象または観念なのか」[2]。

もし知覚についてのこうした理解が正しいなら、我々はそれぞれ自分の心のうちにあるセンスデータについて語っていることになる。だとすると、同一のマッチ箱の知覚について、他人と議論したり同意したりすることがどうやってできるのか――このような問いについて、アンスコムは喫茶店や寮の自室に一人で座って苦悩していたという。

ウォーノックも知覚の問題に興味があったが、夜も眠れないほど悩むことはなかった。ヒュームの『人間本性論』における懐疑主義と、それを克服せんとするカントの『純粋理性批判』を読んだり、その解釈について議論したりするのは楽しかったが、彼女にとってそれは音楽を聞いたり友達と話したりするのが楽しいのと同じようなレベルで楽しいというだけであった。哲学だけでなく歴史も好きなウォーノックにとっては、知覚についての悩みは、マラトンの戦いの正確な年月日がいつなのかについて悩むのと同程度のものでしかなかった。[3]

コーンマーケット通り。以前はカデナ・カフェという喫茶店があって（1970年に閉店），アンスコムはそこに通っていた。今日では観光客向けの店が多い。

ウォーノックの思想史的な関心は、ウィトゲンシュタインに影響を受けて思想史を軽視していたアンスコムには到底受け入れられないものだった。ウォーノックも参加していたアンスコムのセミナーで、あるとき、トッパムという名のあまり賢くないクライストチャーチの男子学生が、知覚についての素朴な質問をした。それは「私の見ている緑が、あなたの見ている緑と同一だとどうやってわかるのか」といった類の、ウォーノック曰く幼稚な質問だった。ところが、アンスコムはその質問に大喜びして、彼の質問を「トップパム氏の問題」と呼び、その問題について2週間ほどセミナーで議論した。けれども、気を良くしたその男子学生が少し哲学の勉強をして、3週目にヒュームかバークリーの名前を出したとたん、アンスコムの恩寵を受けられなくなったという。[4]

ウォーノックの場合は、これと逆、つまり過去の哲学者の本を読みすぎて自らのオリジナルな問題を見出すことができない状態にあった。そのため、アンスコムはあきれ果てて、彼女は哲学者になることはできないと確信したという。

◇

そんなウォーノックが独自の研究テーマを見つけたのは、かなり後のことである。彼女は1949年にB.Phil.を1年で修了したあと、同年にセントヒューズコレッジのフェローとなり、またジェフリー・ウォーノックとも結婚した。50年代は子育てをしながら学生のチュートリアルをしたりして忙しく過ごしたという。[5]

1959年、彼女はオックスフォード大学出版局の一般読者向けの叢書の一冊として依頼された『二十世紀の倫理学』の執筆を終えようとしていた。するとJ・L・オースティンから電話がかかってきた。オースティン曰く、「君の今書いている本だがね、類書との違いを出すために、実存主義、とくにサルトルに関する章を加えたほうがよいと思うのだが」。彼は当時、オックスフォード大学出版局の代表委員（Delegate）を務めており、編集者としてウォーノックに連絡をしてきたのだった。[6]

オースティンに畏敬の念を抱いていたウォーノックは、この電話を切ったあとに呆然としたことだろう。なぜなら、彼女自身の告白によれば、彼女はそれまでにサルトルの本を一行も読んだことがなかったからだ。当時、サルトルの『存在と無』が英訳されたばかりで、また、大陸哲学全般に敵意のあったオックスフォード大学では、実存主義は社会運動ないし政治運動としてしか捉えられておらず、サルトルをまともに読んだことがあるのはマードックと、フランス人の母を持つエアぐらいだった。そこでウォーノックは１９５９年の夏休みに『存在と無』とサルトルについてのマードックの著作を必死に読んで、実存主義とサルトルについての最終章を書き加え、１９６０年に上記の著作の出版に漕ぎ着けた。[7]

その後も彼女は、サルトルと実存主義に関する著作を3冊上梓することになるが、オースティンからの一本の電話がなければ、実存主義の研究者として知られることはなかっただろう。アンスコムは認めないであろうが、このような偶然的ないし外発的な事情で研究テーマを見つけることもあるのだ。そもそも、内発的な問題意識というのも、よく考えてみれば生まれや育ちに規定されているところもあり、どこまで内発的と言えるかは疑うことができるだろう。そ

サルトルのパートナーだったシモーヌ・ド・ボーヴォワール（1908-1986）が1955年から亡くなるまで住んでいたマンション。パリに行ったついでにサルトルの墓参りをする予定だったが，なぜか墓地が臨時休業になっていて叶わなかった。

う考えると、今、研究テーマが見つからない人も、いつかどこかから研究テーマが降ってくるかもしれないため、自分の心の中を探って慌てて見つけ出そうとしなくてもよいのかもしれない。

◇

とはいえ、ウォーノックは１９７０年代にはすでに実存主義への関心を失っていたようで、『二十世紀の倫理学』第3版（１９７８）のあとがきでは、実存主義はまだ一部の大学で教えられてはいるものの、すでに歴史となっており、１９６０年以降の倫理学には影響を及ぼしていないと述べている。[8] また、自伝では、実存主義に関する諸著作は「純粋に商業的な動機から書かれたもの」だったと、身も蓋もないことを書いている。[9] 実存主義でさえ、彼女を夜も眠れないほど悩ませることはなかったようだ。

ウォーノックはその後、英国の生殖医療やヒト胚を用いた研究に関する政府の委員会を率い、2年間の検討を経て1984年に報告書を公表し、その後の法制化に甚大な影響を及ぼした。[10] 彼女はそうした社会的功績を認められて1984年には爵位を授けられ、翌年には一代貴族として英国貴族院議員に選出された。アンソニー・クイントンやオノラ・オニールなど、貴族院議員になった哲学者はほかにもいるが、夫のジェフリーはオックスフォード大学総長にもなったので、キャリア的には最強の哲学者カップルだったと言えそうだ。

注

［1］以下の記述は、主にウォーノックの自伝による。Warnock, M., *A Memoir*, Gerald Duckworth & Co., 2000.

［2］*Ibid.*, p.55.

［3］*Ibid.*, p.56.

［4］*Ibid.*, p.58.

［5］さらに、ジェフリー・ウォーノックやピーター・ストローソンらとBBCラジオでオックスフォード大学での哲学の議論を再現するような番組もやっていたが、このときの記録は残念ながらほとんど残っていない。

［6］Warnock, *op. cit.*, p.85.

［7］*Ibid.*, p.86.

［8］Warnock, M., *Ethics since 1900*, 3rd edition, Oxford University Press, 1978, p.135.（翻訳、M・ウォーノック著、保田清訳『二十世紀の倫理学』法律文化社、1979年）

［9］Warnock, *op. cit.*, p.22.

［10］Warnock, M., *A Question of Life: The Warnock Report on Human Fertilisation and Embryology*, Blackwell, 1985.（翻訳、メアリー・ワーノック著、上見幸司訳『生命操作はどこまで許されるか――人間の受精と発生学に関するワーノック・レポート』協同出版、1992年）なお、これ以前にもウォーノックは障害児教育に関する政府委員会の長を務めて高い評価を得ていた。

Chapter 21

ハンプシャーの尋問と試問

一般に、学位論文を提出すると、教員による口頭試問が行われる。[1] 試問はよく「諮問」と誤記されるが、両者はまったく異なる。諮問は専門家に助言を求めることであるのに対し、試問は学生に試験を行うことである。大学での論文試問は、学生が書いた論文を教員が試験官として審査する機会であり、学生は複数の教員の前で、自分の論文の正しさを弁護しなければならない。

論文試問という正式な場において教員に厳しく質問されるというのは、多くの学生にとっては考えただけで心が重くなる経験であろう。かくいう私も、自らが試問を受けた経験を思い出すと、今でも胸のあたりが苦しくなる。「アカハラ」という言葉が生み出される以前は、京大文学部にも怖い先生がたくさん生息していたので、この頃までの論文試問はトラウマ体験と同義であった。どのくらい怖いかと言うと、教授室のドアをノックして開けると、机の向こうにダースベイダーとエイリアンと鬼舞辻無惨が隣り合って座っている感じである。学生は最低1時間はそこに閉じ込められ、生き残りをかけた戦いをしなければならなかった。

そんな悪夢のような論文試問があるわけがないと思う読者もいるかもしれない。そこで今回は、試問を行う教員が、かつて戦犯として捕らえられたナチスの高官相手に尋問を行っていた人物だった話をしよう。

◇

スチュアート・ハンプシャーは1914年生まれで、バーリン(1909)、エア(1910)、J・L・オースティン(1911)たちよりは少し年下だが、同じ世代の哲学者である。ベイリオルコレッジで古典学を学んだあと、1936年に難関のオールソウルズコレッジのフェロー試験に合格し、バーリンやオースティンらの研究会のメンバーとして活躍した(⇒Chapter 8)。とりわけバーリンとは終生仲が良く、バーリンはタイムズ紙に掲載できるようにハンプシャーの追悼文を準備していた。[2]

ハンプシャーは、今日ではバーリンやエア、オースティンほど有名ではないが、1951年にスピノザ研究の著作を公表し、1959年の『思考と行為』では心の哲学と道徳哲学を結びつけて議論するなどして、当時は英米で大きな影響力を持った。[3]彼はオックスフォードやロンドン大学で教えただけでなく、米国プリンストン大学やスタンフォード大学でも教鞭を執った。

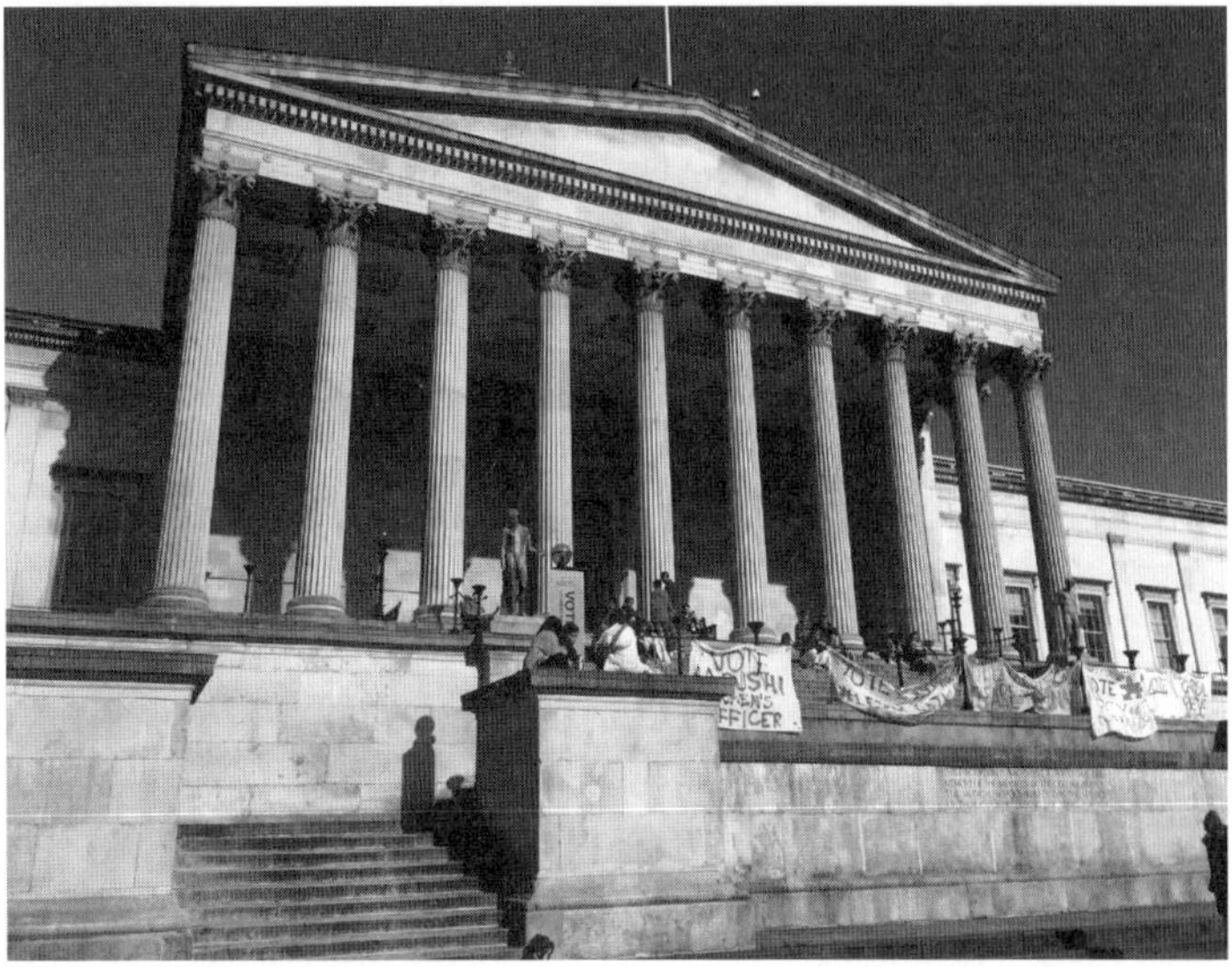
ユニヴァーシティコレッジロンドン（UCL）。ハンプシャーは1940年代終わりと60年代初めにUCLで教えた。

背が高く金髪のイギリス紳士だったようで、私生活ではエアの最初の妻のレネーと不倫をして、その後、彼女と結婚している。エアとはロンドン大学で同僚だったこともあるが、最終的には口も利かなくなったという。[4] 彼はこの世代の哲学者の中では長命で、２００４年に89歳で亡くなった。

◇

ハンプシャーの生涯について少し詳しく説明したが、次に第二次世界大戦中の彼の活動について話をしよう。彼は、不器用なため兵士には向かなかったようで、すぐに諜報部に配置替えされ、ナチスのハインリッヒ・ヒムラーが創設した国家保安本部の活動を調査することになった。[5]

国家保安本部とは、泣く子も黙るゲシュタポを含むナチス親衛隊（ＳＳ）を統括する組織のことだ。この時期ハンプシャーは、軍の仕事に勤しみながらも、同じく諜報活動をしていたライルやハートと哲学の議論を楽しんでいたようだ。とくに戦前は弁護士だったハートはこのときの経験がきっかけとなり、戦後にオックスフォードに戻って研究者の道を目指すことになった。[6]

終戦直後、ハンプシャーは米国軍に捕らえられたナチス高官の尋問を行った。その中には、上記の国家保安本部の長官を務めたエルンスト・カルテンブルンナーも含まれていた。ハンプシャーは尋問の内容について詳しく語っていないが、この経験を通して、親切心や共感だけでなく純粋な悪も人間にとってごく自然なものであることに気づかされたという。また、終戦直前には、フランス自由軍に捕らえられたフランス人のナチス協力者を尋問する機会があり、「殺さないという保証をしてくれれば自白する」と主張する捕虜に対して、彼が翌日銃殺されることを知りつつも、殺されることはないと嘘をつくべきだろうか、という問題に直面したという。[7] こうした経験が、ハンプシャーのその後の倫理観に大きな影響を与えたことは想像に難くない。事実、彼は第二次世界大戦以前の「無垢」な倫理学は永遠に失われたとして、現代の倫理学は人間や政治の現実を直視したものでなければならないと後に論じている。[8]

◇

さて、最初の論文試問の話に戻ろう。ピーター・シンガーの友人でリチャード・ケッシェン

エグザミネーションスクールズ。口頭試問を含む学生の試験は，通常ここで行われる。

というカナダ人哲学者がいる。ケッシェンは1960年代末から70年代前半にかけてオックスフォード大学に留学しており、そのときにシンガーと友人となってシンガーがベジタリアンになるきっかけを作ったことでも知られているが、その話はまた別の機会に譲ることにしよう（⇒ Chapter 28）。ケッシェンが博士論文を提出したときの試験官の一人が、誰あろうハンプシャーだった。ケッシェンはそれまでハンプシャーに会ったことはなかったが、自身もスピノザを研究していたため、試問で彼に会えることを楽しみにしていた。

しかし、試問の日の少し前に、ハンプシャーが終戦頃にゲシュタポの高官たちの尋問に関わっていたことを知り、「少し震えた」という。戦後すでに四半世紀が過ぎていたが、ハンプシャーについてはそうした噂が学内で広まっていたものと思われる。口頭試問は学生も正装して3時間にわたって行われる。ガウンを来て試問の会場に向かうとき、ケッシェンは生きた心地がしなかったのではなかろうか。

ところが、実際にはハンプシャーや他の試験官は論文について鋭い指摘はしたものの、尋問口調でケッシェンと対峙したわけではなく、むしろ彼を励ますような態度で試問を行ったようだ。ケッシェンが唯一恐怖を覚えたのは、文法上の不適切な表現を4つ指摘され、そのページ番号を控えておくようにとハンプシャーから言われたことだったという。恐怖に感じたのは、ハンプシャーが論文を隅から隅まで読んでいることがわかったからか、言語使用に対する厳しい態度に驚いたからか、あるいはその両方だったのか。いずれにせよ、この試問は死人が出ることもなく無事に終了したようだ。[9]

◇

というわけで、前評判では恐しい教員であっても、実際にはそうでないこともありうる。もちろん、前評判どおりの場合もあるかもしれない。これから試問を受ける人で、あまりの不安に囚われた場合は、今回の話を思い出し、敵国の捕虜となって尋問を受けることに比べれば試問ぐらい大したものではないはずだと考えて臨むとよいかもしれない。

注

［1］口頭試問はオックスフォードでは *viva* と呼ばれる。*viva* は *viva voce* examination の略で、ラテン語の *viva* は live、*voce* は oral なので、ライブの口頭の試験という意味である。なお、学部卒業時の試験に関しては、たとえばアイリス・マードックのように筆記試験で優秀だった学生はその後の口頭試問を免除された。Lipscomb, B. J. B., *The women are up to something: How Elizabeth Anscombe, Philippa Foot, Mary Midgley, and Iris Murdoch revolutionized ethics*, Oxford University Press, 2021, p. xxx.

［2］Hardy, H., *Isaiah Berlin's obituary of Stuart Hampshire*, 2013, http://berlin.wolf.ox.ac.uk/lists/bibliography/joint-text.pdf しかし、実際にはハンプシャーのほうがバーリン（１９９７年没）よりも長生きすることになる。二人の交友関係については以下に詳しい。マイケル・イグナティエフ著、石塚雅彦／藤田雄二訳『アイザイア・バーリン』みすず書房、２００４年。

［3］Hampshire, S., *Spinoza*, Penguin, 1951.（翻訳、S・ハンプシャー著、中尾隆司訳『スピノザ』行路社、１９７９年）; Hampshire, S., *Thought and Action*, Chatto and Windus, 1959. なお、１９５１年のスピノザ研究は２００５年に新たな論文を加えて出版されている。Hampshire, S., *Spinoza and Spinozism*, Clarendon Press, 2005.

［4］エアとの複雑な交友関係については、以下に詳しい。Rogers, B., *A. J. Ayer: A life*, Chatto & Windus, 1999.

［5］Hacker, P. M. S., "Thought and action: A tribute to Stuart Hampshire," *Philosophy*, Vol.80, No.312, 2005, pp.175-197.

［6］Sugarman, D. and H. L. A. Hart, "Hart Interviewed: H. L. A. Hart in Conversation with David

Sugarman," *Journal of Law and Society*, Vol.32, No.2, 2005, pp.267-293; Lacey, N., *A life of H. L. A. Hart: The nightmare and the noble dream*, Oxford University Press, 2004.（翻訳、ニコラ・レイシー著、中山竜一／森村進／森村たまき訳『法哲学者Ｈ・Ｌ・Ａ・ハートの生涯──悪夢、そして高貴な夢 上・下』岩波書店、２０２１年、第5章）。なお、本書を読むと、ハートは妻のジェニファーがバーリンとだけでなくハンプシャーとも性的関係があると思っていたようだ（⇒ **Chapter 10**）。

［7］"Obituary: Sir Stuart Hampshire," *The Guardian*, 16 June 2004, https://www.theguardian.com/news/2004/jun/16/guardianobituaries.obituaries なお、カルテンブルンナーはその後、ニュルンベルク裁判で死刑判決が下され、１９４６年10月に絞首刑となっている。

［8］Hampshire, S., *Innocence and experience*, Paperback ed., Harvard University Press, 1991.

［9］Keshen, Richard, "Autobiographical Bibliography," http://cbucommons.ca/rkeshen/bio/

Chapter 22

囚われのヘア

本書の原稿を執筆していると変な癖がついた。英国で100歳ぐらいの人が亡くなると、R・M・ヘアやマリー・ミジリーと同じ年ぐらいの生まれだな、と考える癖だ。英国では2021年の4月初めにエリザベス2世女王の夫であるエディンバラ公フィリップが99歳で亡くなり、パンデミックによるロックダウン継続中のため簡素な葬式が行われた。フィリップは1921年にギリシアで生まれたが、第二次世界大戦中は英国海軍で士官として従軍し、戦後に英国国籍を取得、1947年にエリザベス2世と結婚している。

フィリップより少し前には、トム・ムーアという、第二次世界大戦中に陸軍大尉としてビルマで日本軍と戦っていた人物が100歳で亡くなった。1920年生まれの彼は2020年に英国がロックダウン中、100歳の誕生日を迎える前に家の裏庭を100周すると宣言し、新型コロナ対策の最前線に立つ医療機関やスタッフを支援するために1000ポンドの寄付を集

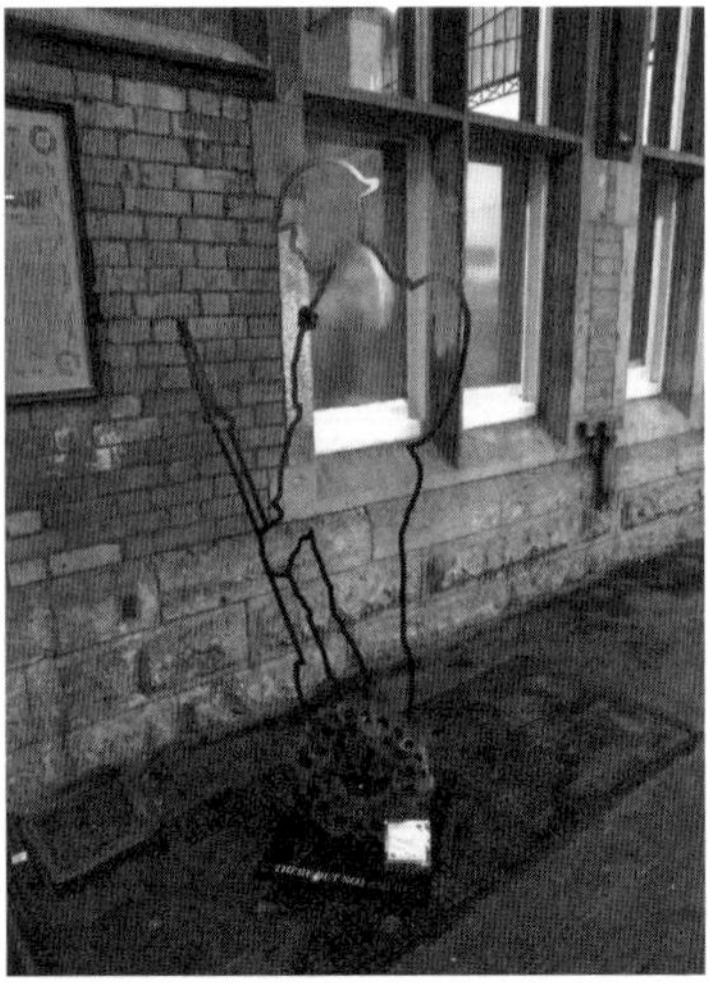

英国では11月中旬の日曜日に第一次世界大戦以降の戦死者を追悼する戦没者記念日があり，ヒナゲシの花が飾りとなっている。ブリストルの中央駅にて。

めるチャリティを行った。すると、テレビやラジオで話が国内外に拡がり、1ヶ月で何と3200万ポンド（40億円以上）も集まり、時の人として注目を集めた。彼はナイトの爵位を授けられ、女王と首相に挨拶する機会も得た。[1]

第二次世界大戦中はライルやオースティン、ハートやハンプシャーのように英国の諜報機関で働く者もいれば、男子学生がほとんどいなくなったオックスフォードに残って卒業したあとにロンドンの官公庁で働いていたフットやマードックのような者もいた。その一方で、陸軍士官として前出のトム・ムーアのように日本軍と前線で戦い、捕虜となった者もいた。ヘアである。そこで今回は彼の戦争体験の話をしよう。[2]

◇

1919年3月生まれのヘアは、アンスコムとは3日しか誕生日が違わない。彼は名門ラグビー校を卒業後、1937年秋にベイリオルコレッジに入学し、古典学を学び始めた。だが、

1939年9月のドイツ軍によるポーランド侵攻を知ると、当時まだ学生は徴兵猶予を受けられたにもかかわらず、陸軍砲兵隊に志願入隊した。

国内で訓練を受けて少尉に任命されたヘアは、1940年の冬にインド経由でシンガポールに渡り、そこで第22インド山岳連隊の一員となる。馬に乗るより車の運転のほうが性に合っていたようで、榴弾砲を荷台に積んで運ぶためのトラックの運転をインド兵たちに教えるのが主な任務だった。その後、マレーシア北部のケダ州に移動し、そこで日本軍と交戦することになった。[3] 日本軍側から見ると、真珠湾攻撃と同日の1941年12月8日に開始されたマレー作戦である。

ヘアが属する部隊は日本軍の戦車による攻撃の前に敗退し、ヘアは生き残ったものの、マラリアに罹って入院しているうちにマレーシアは日本軍に占領される。翌年の1月、連合軍はシンガポールで日本軍を迎え撃ったが、すでに海軍も空軍もほとんど機能しておらず、1942年2月15日にシンガポールは陥落した。ヘアは多くの仲間と共に捕虜となり、チャンギ刑務所で暮らすことになる。捕虜としての生活は大変だったが、ヘアは友人の士官たちと助け合って生き残った。

捕虜収容所となっていたチャンギ刑務所から4人の捕虜の脱走未遂が起きると、その4人は射殺され、日本軍は残った1万5000人あまりの捕虜たちに脱走をしない旨の誓約書を書か

1942年9月4日，セララン兵営の連合軍捕虜。オーストラリア戦争記念館所蔵のパブリックドメインの写真。

せようとした。捕虜たちがこれを拒むと、日本軍は彼らが署名するまで小さな兵営に閉じ込めてしまう（セララン兵営事件）。この命令を出したのは日本軍の福栄中将（General Fukuye）という人物で、ヘアは英国の兵士たちが"Fukuye"をどう発音していたのかは容易に想像がつくだろうと述べている。わからない人は繰り返し英語発音で読んでみるか、親切なネイティヴスピーカーに尋ねてみるとよいだろう。最終的に捕虜の兵士たちは嫌々ながら署名したが、署名のさいに日時と場所を記入する欄には、"At Gun Point"（銃口前にて）と記した者もいたという。

チャンギ刑務所での生活は大変だったようだが、「シンガポールは寒くないし、アウシュヴィッツやグーラグに比べたらずっとまし」だったとヘアは回顧している。だが、1943年の春にタイとビルマを結ぶ泰緬鉄道の建設に駆り出されたときには、ヘアは「危うく死にかけた」という。ここでの8ヶ月は本当につらかったようで、仲間も多く失い、ヘアにとっては思い出したくない記憶だったようだ。なお、当時の状況を描いた映画『戦場にかける橋』（1957）はまったく不正確だと彼は後に酷評している。

ヘアは何とかそこでも生き残り、その後、シンガポールの収容所に戻ることができた。野菜を育てながら、捕虜になる前にチャンギ刑務所で見つけた美しい出納簿に哲学的思想を書き連ねていたという。ヘアはそこで終戦を迎え、捕虜となってから3年半経ったところで解放された。帰国前の別れのパーティーでは誰かがヘアの水筒にたっぷり入れてくれた酒を痛飲したそうだが、翌日の新聞報道によれば、そのときに出回っていた酒の大半はメチルアルコール製で、失明したり死亡したりする者が相次いだという。幸い、ヘアはこのときも無事だった。

◇

ヘアは戦時中の体験が彼の哲学に与えた影響についても少し述べている。一つは、戦争において敵国兵士を殺すことについて。彼は1938年のミュンヘン危機のさいに反戦主義を放棄したと述懐しているが、自分が兵士として戦争に参加しているのは、自分の国王や国のためではなく、「より普遍的な原理」に基づいて、すなわちインドが日本軍の手に落ちるとインド人にとって災厄となるという理由から行動していると考えていた点である。

もう一つは、普遍的で客観的な道徳原則の拒絶である。マレー戦で連合軍の捕虜となった日本軍の兵士2名は、解放後に自分の部隊に戻って上官に挨拶してから、「ハラキリ」によって

オックスフォードの聖マリア教会。2002年5月25日にヘアの追悼式が行われた。

自死を遂げた。ヘアはこのことを知り、この事件や他の文化的多様性を示す事例を通じて、W・D・ロスの言う理性ではなく直観によって知られる「普遍的で客観的な道徳的基準」など存在しないという結論に至ったという。道徳における普遍的見地は支持しつつ、普遍的で客観的な道徳原則はないという立場がどう調停できるのかは、ヘアの理論をよく学んで考えるべきところだろう。[4]

このようにヘアは戦時中も哲学のことを考え続け、出納簿に書き溜めていた文章は、終戦直前に「一元論に関する論考」という一冊の書物として完成したという。しかし、ヘアがライルやオースティンらの言語分析を中心にしたオックスフォードの新しい哲学に触れるのは、戦後にオックスフォードに戻ってからである。彼は戦前のオックスフォードではまだ哲学のチュートリアルを受けておらず、またハートのように戦時中に哲学談義ができる仲間に恵まれていたわけでもなかった。そのため、帰国後には、戦時中に書いていたことは価値のないものだという結論に至り、公表はあきらめた。そして彼は、マラリアの再発に苦しみながらも、復学して最も優秀な成績で卒業し、そのままベイリオルコレッジにフェローとして残ることになった（この点については、**Chapter 5** も参照）。

なお、ヘアの息子のジョン・ヘアも哲学者であるが、2002年5月にオックスフォードの聖マリア教会で行われたヘアの追悼式におけるスピーチで、彼は次のように述べている。「私の父は戦争体験についてはあまり語りませんでしたが、ひとこと言っておきたいのは、父からは日本人に対する憎しみや軽蔑の言葉は一切聞いたことがなかったということです」[5]。

このスピーチの中で息子のヘアは、父親が怒りっぽく、ときに突発的に激怒する人物であったことも率直に認めている。私もヘアの本を読んだり人から話を聞いたりしてそういう印象を抱いていたので、どちらかと言えばヘアが日本軍の罵詈雑言を吐いている姿を想像してしまうが、そういうことはなかったようである。

注

［１］“Obituary: Captain Sir Tom Moore, a hero who gave a nation hope,” BBC News, 2 February 2021, https://www.bbc.com/news/uk-52726188

［２］以下の記述は、主に次の文献による。Hare, R. M., “A Philosophical Autobiography,” *Utilitas*, Vol.14, No.3, 2002. なお、２０２１年に生誕１００周年を迎えたジョン・ロールズ（１９２１年2月生まれ）も、１９４３年から終戦まで歩兵部隊の一兵士として日本軍と戦っていた。詳しくは以下を見よ。Pogge, Thomas, *John Rawls: His life and theory of justice*, Oxford University Press, 2007.

［３］蛇足だが、当時はシンガポールもマレーシアもインドも英国の植民地である。

［４］真面目に勉強したい人は、下記を参照。R・M・ヘア著、内井惣七／山内友三郎監訳『道徳的に考えること――レベル・方法・要点』勁草書房、１９９４年。佐藤岳詩『R・M・ヘアの道徳哲学』勁草書房、２０１２年。

［５］Hare, J. E., “R. M. Hare: A Memorial Address,” *Utilitas*, Vol.14, No.3, 2002, pp.306-308.

Chapter 23

怖いぐらい賢いストローソン

ピーター・ストローソンはヘアと同じ1919年生まれである。私がオックスフォードに行った2019年は、ちょうど二人の生誕100周年だった。同じ100周年のアンスコムやミジリーは女性哲学者の再評価が進んでいたこともあり、記念のシンポジウムなどがいろいろあった。ストローソンも、誕生日にベルギーのルーベン大学で記念シンポが開かれた。[1] だが、ヘアの記念シンポは一つも計画されている様子がなかった。オックスフォード大の某先生にその点を尋ねたところ、「そういえばそうだねえ。じゃあ君が企画したらどうだ」と言われて、いやいやいやいやいや滅相もありませんと答えたことを覚えている。

前章のヘアに続き、今回はストローソンの話をしよう。

◇

ストローソンはロンドン生まれで、フィンチリーの男子校で学んだあと、1937年から1

セントジョンズコレッジの庭。ストローソンは学部生のときにエアの『言語・真理・論理』をコレッジの庭で読んで魅了されたという。

940年までオックスフォード大のセントジョンズコレッジでPPEを専攻した。[2] 彼は文学少年で、元々は英文学を学ぶはずだったが、大学に入る前にルソーの『社会契約論』を読んで感銘を受けたり、今後の欧州の未来を考えたら政治経済を勉強しておくべきだと考えたりして、直前に専攻を変更したようだ。経済学はつまらなかったが、政治思想はおもしろく、また哲学はかなり性に合っていたと回想している。このときのチューターの一人が後に同僚となるポール・グライス（1913〜1988）であった。彼の影響もあり、自分もオックスフォード大学のフェローになりたいと考えるようになった。

だが、卒業後はすぐに兵役が待っていた。ストローソンはヘアより少し遅れて陸軍砲兵隊の兵士となり、レーダーの使用法を学んで熟達した。そのため、1942年には新設の王立電気機械工兵隊（REME）に入隊し、最終的には陸軍大尉にまでなった。ちなみに、ストローソンの弟はさらに活躍したようで、陸軍少将にまで上り詰めている。また、ストローソンは終戦前の1945年に結婚し、のちに4人の子どもをもうけた。そのうちの一人がガレン・ストローソンという哲学者であることはよく知られている。

◇

戦後、ストローソンはオックスフォードに戻って大学院（B.Phil.）に行こうかと考えていたところ、学部のときに彼のチューターをしていたジョン・マボットの勧めで、ウェールズにある大学の哲学教員のポストに応募して採用された。ロンドンで育ったストローソンは田舎で暮らすとはどういうことか、そのとき初めて知ったようだ。だが、ほどなく彼はオックスフォードのユニヴァーシティコレッジにフェローとして採用され、教員として大学に戻ることになった。学部の頃に抱いていた希望は28歳のときに

ストローソンの論文集。

叶ったと言える。
オックスフォードに戻ったストローソンはチューターや講義をしながら、ライルやオースティンらと一緒にオックスフォード哲学の黄金時代を築くことになる。ライルの『心の概念』が１９４９年に出て、ストローソンの『個体と主語（*Individuals*）』が１９５９年に出るまでの10年間が、オックスフォードの日常言語学派の黄金時代だと言われる。[3]
しかし、大学院で学ばなかったストローソンが、なぜそれほど偉大な哲学者になれたのか。もちろんそれは当時の時代状況やストローソンの才能もあったと思われるが、一つにはオックスフォードのチュートリアルの効用が大きいと思われる。ストローソンと同様、大学院に行かなかったヘアもチュートリアルの有用性を述べていたが（⇒**Chapter 5**）、この点について、ストローソンによる回想と、ストローソンからチュートリアルを受けたジョン・サールの視点からの説明を見てみよう。

◇

「私は本から学んだことよりも自分の学生から学んだことのほうが多い」と述べたのはヘアだったが、ストローソンも同様で、学生へのチュートリアルと自らの哲学研究は車の両輪だったようだ。彼は「１対１のチュートリアルでの意見交換以上に、学生と教師のお互いにとって有益な哲学の指導法はない」とまで述べている。学生としては、リーディングリストを参考に作成したエッセイを週一で書いてチューターに読んでもらうことで、より経験を積んだ聞き手の批判を受けることができる。チューターとしては、学生の思考を理解し明確にしようとすることで、しばしば自分自身の思考を明確化することに成功する、というわけだ。

ストローソンが属していたユニヴァーシティコレッジでは、ストローソンは論理学とデカルト以降の近代哲学一般を担当し、道徳・政治哲学と古代哲学はもう一人の哲学チューターが担当していた。実際、こうしたチュートリアルや論理学の講義を基にストローソンはラッセルの記述理論を批判する議論を練り上げ、その内容を知ったライルの勧めで『マインド』誌に1950年に論文を公表し、一躍有名になったのだった。[4]

◇

次に、ストローソンからチュートリアルを受けた学生の側からの話として、サールの回想を見てみよう。[5] サール（1932〜 ）は米国コロラド州生まれだが、米国で学部生をしているときに奨学金（セシル・ローズが始めたローズ奨学生制度）をもらってオックスフォード大学のクライストチャーチに入り、学部から博士課程までオックスフォードで過ごした。それはたまたま、1952年から1959年というオックスフォード哲学の黄金時代に当たるときだった。

サールはオースティンやストローソンのことなど一切知らずに渡英してきたが、彼が回顧するに、当時のオックスフォードは才能のある哲学者に溢れていて、さながら前5世紀のアテネのようだったという。彼が学部生としてPPEを専攻していた1952年から55年の時期に、チュートリアルやセミナーや講義をしていた主な教員には、以下の人々がいた。オースティン、ストローソン、ハンプシャー、ハート、ウォーノック夫妻、クワイン、アンスコム、マードック、フット、バーナード・ウィリアムズ、バーリン、マイケル・ダメット、アームソン、グライス、ライル、デイヴィッド・ピアース、ヴァイスマン、ヘア、ノーウェル＝スミス、アンソニー・クイントン、などなど。ストローソンは蜜に溢れた蜂の巣の比喩を使っているが、まさにブンブンうなる蜂の巣さながらである。[6]

このように優秀な教員が多かっただけでなく、当時のオックスフォード大学では、哲学を学ぶことが重要だと考えられていたため、最も頭の良い学生たちが率先して哲学を専攻していた。60年近く経ってから書かれたサールの記述にはいくらか理想化が入っているかもしれないが、まさに黄金時代である。そうした前5世紀のアテネ的な「終わりのない哲学的議論と会話」の中でも、サールはストローソンとの1対1のチュートリアルが最も良い哲学教育だったという。

サールはクライストチャーチに属していたので、本来ならユニヴァーシティコレッジにいるストローソンのチュートリアルは受けられないはずだが、ストローソンが「怖いぐらい賢い奴(frightfully clever chap)」だと評判だったため、面識はないが彼にチューターになってもらいたいと思っていた。するとたまたま、当時付き合っていたルーマニア人の彼女がストローソンの

ストローソンがフェローとして在籍していたユニヴァーシティコレッジ。オックスフォード大学の中で一番古いコレッジだと自称している。

家に下宿していたので、彼女を通じてチューターになってもらうようストローソンにお願いしたところ、快く引き受けてもらえたという。

ストローソンのチュートリアルは、当時としては珍しく、チュートリアルの前日までにエッセイを提出する決まりだった。そのため、サールは携帯用のタイプライターを両手の人差し指でパチパチとタイプして、毎回がんばってエッセイを書いて提出したという。

サールはストローソンとのチュートリアルの様子を次のように語っている。「ストローソンはまず、「サール君が論じようとしていることは、実際にはこういうことではないかと、私には思われるんだがね」と言い、サールが苦心して表現しようとしていたことを非常に強力かつエレガントに提示する。そこでサールは「そうです！　そうなんです！　そのとおりです！」と熱狂的に同意する。するとストローソンは次に、「だとすると、この見解は次の４つの反論を受けるように私には思われるんだが」と述べて、サールの議論を順々に粉砕していったという。

サールの議論はこのようにして毎回ストローソンによって論破されたが、ストローソンのコメントには敵対的なところはまったくなく、彼のチュートリアルは常に協力的な雰囲気の中で行われたという。「基本的に我々は、哲学という最もおもしろいプロジェクトを行うのに世界で最適な場所でその作業に携わっており、それを最も協力的な仕方で実践しようとしていると感じていた。私はしょっちゅう論破されていたが、負けたことは一度もなかったのだ（I was frequently refuted but never defeated.)」。

このようにストローソンはサールのような最も頭の良い部類の学生にとって刺激的なチューターであっただけでなく、哲学的により才能のない学生にも理解できるチュートリアルをしていたという。[7]

◇

チュートリアルの話はこのぐらいにして、最後に一つ小話をして終わろう。１９５８年にウィカム論理学教授のポストが空いたとき、ストローソンは当時ロンドン大学で教えていたエアと教授選を争い、選考委員会の投票の結果、エアが勝利した。ストローソンを推していたオースティンや、別の人物を推していたライルは選挙の手続に不満があるとして選考委員を辞任するなど、かなり荒れたらしい。[8] 選考結果が発表された夜、教授に選ばれなかったことに落胆したかと同僚に問われたストローソンは、こう答えたという。

“Not disappointed, just unappointed.”（落胆はしてないよ。落選はしたけどね）[9]

その後、ストローソンはライルが辞めたあとのウェインフリート形而上学教授に選ばれ、1968年から1987年までそのポストを務めた。退職後も各地を旅行して活発に研究活動を行ったのち、2006年に86歳で亡くなった。

次章はバーナード・ウィリアムズの話をしたいと思う。

注

［1］P. F. Strawson at 100, https://hiw.kuleuven.be/cespp/events/strawson-conference

［2］以下の伝記的な記述は、主に下記の著作に収録されている自伝と二つの追悼記事に基づく。Strawson, P. F. and P. Snowdon, *Freedom and resentment, and other essays*, Routledge, 2008; O'Grady, Jane, "Sir Peter Strawson," *The Guardian*, 15 February 2006, https://www.theguardian.com/news/2006/feb/15/guardianobituaries.booksobituaries; Ryan, Alan, "Sir Peter Strawson," *The Independent*, 18 February 2006.

［3］Rée, J., "English Philosophy in the Fifties," *Radical Philosophy*, Vol.65, 1993, https://www.radicalphilosophy.com/article/english-philosophy-in-the-fifties なお、詳しい書誌情報は省くが、『個体と主語』のほかにも、『意味の限界（*The Bounds of Sense*）』や「指示について（*On Referring*）」や「自由と怒り（*Freedom and Resentment*）」など、ストローソンの主要な著書や論文は翻訳が出ている。

［4］この論文は、ラッセルが出した例として有名な「フランス国王は禿だ」という言明について、ラッセルがフランスには国王がいないため偽だと考えたのに対して、ストローソンは発言の文脈に応じて偽である場合もあれば無意味である場合もあると批判したものだが、より大きな批判としては、ラッセルのような記号を用いた形式論理学だけでは我々の言語や思想のあり方を解明することはできず、我々は日常言語の機能を分析しないといけないとストローソンは考えていた。あるとき、ストローソンの元チューターだったグライスが「論理記号で表現できないことは、述べる価値がない」と言ったのに対して、ストローソンは「論理記号で表現できることは、述べる価値がない」と応じたという。このやりとりは、ラッセル的立場とストローソンの立場を象徴的に表しているといえる。

［5］下記の記述は、主に以下の論文より。Searle, J. R., "Oxford Philosophy in the 1950s," *Philosophy*,

Vol.90, No.2, 2015, pp.173-193. なお、サールは2017年にセクハラで訴えられ、2019年にはカリフォルニア大学バークレー校の名誉教授の称号を剥奪された（いわゆる不名誉教授になった）が、その問題とこの論文の内容には内的な関連はないと判断した旨、記しておく。

［6］ Mehta, V., *Fly and the Fly-Bottle: Encounters with British Intellectuals*, Columbia University Press, 1983, p.66.（翻訳、ヴェド・メータ著、河合秀和訳『ハエとハエとり壷——現代イギリスの哲学者と歴史家』みすず書房、1970年、57頁）厳密には、オックスフォードと違ってケンブリッジには蜂（哲学者）がほとんどいないので蜂蜜（哲学）ができない、という話をしている。

［7］ 上述の *The Independent* の Alan Ryan による追悼記事による。なお、Alan Ryan はベイリオルコレッジで1959〜62年までPPEを専攻していたが、彼も当時を振り返って、なぜ哲学分野でのチュートリアル制度がこれほどうまくいっていたのか、そしてなぜそれが60年代以降に徐々に時代に合わなくなっていったのかについて、興味深い論説を書いている。Ryan, Alan, "Perfection in Politics and Philosophy," D. Palfreyman and J. G. Clark eds., *The Oxford Tutorial: "Thanks, You Taught Me How to Think,"* 2nd edition, Oxford, 2008, ch.9.

［8］ Rogers, B., *A. J. Ayer: A life*, Chatto & Windus, 1999, pp.258-259.

［9］ Williamson, T., "How did we get here from there? The transformation of analytic philosophy," *Belgrade Philosophical Annual*, No.27, 2014, pp.7-37.

Chapter 24

反理論家ウィリアムズの誕生（1）

バーナード・ウィリアムズは1929年9月生まれで、ヘアやストローソンなど1919年生まれのグループとはちょうど10年違っている。イングランドの東部にあるエセックスで育った彼は、戦後の1947年にベイリオルコレッジに入学した。そして学部を最高の成績で卒業したのち、最難関のオールソウルズコレッジのフェローになり、その後もケンブリッジ大とオックスフォード大の哲学教授を歴任した。ウィリアムズはライルがその礎を築いた戦後の「オックスフォード哲学帝国」が輩出した最も優秀な哲学者の一人であり、また最も手強い功利主義の批判者でもあった。

いったい誰がこのような哲学者を生み出したのか。今回は主に彼の前半生に関するエピソードを紹介しながら、この問いについて考えてみよう。[1]

◇

ウィリアムズは学部で古典学を専攻していた頃からすでに尋常ではないほど優秀だった。ラテン語とギリシア語が達者なのは当然として、教員に教わるのは格好悪いと考えていた学生たちのためにインフォーマルな哲学セミナーを開いて教えていたぐらい、哲学にも通じていた。さらに、最終学年での哲学の試験では、論述試験の彼の回答があまりに優秀だったため、試験官が口頭試問をする代わりに立ち上がって拍手を送るという、最も栄誉ある成績（congratulatory first）で卒業した。

ウィリアムズ。

1951年に卒業後、ウィリアムズは英国空軍に入ってカナダで2年間、英国の代表的な戦闘機であるスピットファイアを操縦する訓練を受けた。朝鮮戦争に行く可能性があったようだが、訓練後はオックスフォードに戻り、これまた最も優秀な学生だけが入れるオールソウルズコレッジのフェローとなった。

ウィリアムズはとにかく頭の回転が速かったようで、エアもライルも彼のことを高く評価していた。ライルは次のように述べている。

マグノリア。ウィリアムズは４年次の歴史の最終試験のさい，胸に白いマグノリアの花を付けて受験した。

「ウィリアムズは、議論の相手が何を言おうとしているかについて、相手が理解している以上に理解し、それに対するあらゆる可能な反論と、それらの反論に対するあらゆる可能な応答を、相手が発言し終わる前に見てとるのだ」[2]。

ほとんど妖怪である。しかも、ウィリアムズの会話は機知とユーモアに溢れており、彼の周りにはいつも人々が集まっていたという。また、当時のウィリアムズは大変ハンサムで、のちに結婚するシャーリー・ケイトリンによれば、彼は背が高く、つやのある暗褐色の髪で、映画俳優のような顔立ちだったというから、神に愛されたとしか言いようのない人物だったようだ。

◇

ウィリアムズは1954年にニューコレッジのフェローになり、翌年には学部生の頃より知り合いだったシャーリー・ケイトリンと結婚する。ウィリアムズより1歳年下の彼女は、サマヴィルコレッジでPPEを専攻したのち、フルブライトの奨学金をもらって米国コロンビア大学で学び、政治学の修士号を取った。64年には労働党所属の国会議員となり、さらに後には労働党から離脱して社会民主党を結成することになる（社民党は後に自由党と合流して自由民主党になる。これは日本の同名の政党とは違って左翼政党である）。

労働党政権で重要なポストを歴任した彼女は将来の首相と目された時もあったが、結局首相になることはなかった。その一因には、1974年にウィリアムズと離婚したことがあったようで、彼女はシングルマザーとして一人娘を育てる傍ら政治活動をする大変さについて自伝で語っている。[3] 初の女性首相の名誉は、同じサマヴィルコレッジ出身で彼女の少し先輩に当たる保守党のマーガレット・サッチャーが1979年に手にすることになる。

シャーリー・ウィリアムズは、サッチャーが首相になれたのは、彼女の夫が献身的だったからだとラジオのインタビューで述べており、ウィリアムズがもっと献身的であったなら、歴史は大きく変わっていたのかもしれない。[4] もっとも、彼女は当時のマッチョな対立的な政治のあり方が苦手だったようで、それもあって首相の補佐役にはなれても党首や首相にはなれないと自らも認識していたようだ。それに対して、サッチャーは「内閣にいる唯一の男性」とか「政府のメンバーの中で唯一タマが付いている人物」などと形容されていた女傑であり、対立的な政治を厭わない男性的な政治家だったからこそ首相になれたのだ、と彼女は述べている。[5]

◇

先に述べたように、ウィリアムズは尋常ならざるほど優秀だったが、私の個人的な印象では、彼はスピットファイアに乗っていても（スターウォーズの）ルーク・スカイウォーカーというよりは、ダースベイダーになる前のアナキン・スカイウォーカーに近い感じがする。では、ウィリアムズをダークサイドに導いたのは誰か。

ウィリアムズは自分が最も影響を受けた人物を数名挙げているが、その一人はライルである。彼はライルについて、「とくに好きだったのは彼が主義や学派をものすごく嫌っていたことです。私はその考え方に大きな影響を受けました」と述べている。[6] ウィリアムズ自身も、功利主義を批判してもそれに代わる立場を出すわけでないため、しばしば反理論（anti-theory）の立場を取っていたと言われる。[7]

また、ウィリアムズはライルの追悼文（1979）の中で、彼がライルから個人的にも知的にも大きな影響を受けたと述べつつも、人々は彼の書いたもののみからは彼の知的な偉大さを十分に理解できないだろうと記している。[8] この点については、1950年代のオックスフォードでウィリアムズから指導を受けていたジョン・サールが、ウィリアムズ自身について同じようなコメントをしており、興味深い。

バーナードが書いたすばらしい哲学の著作すべてにもかかわらず、彼を知っている人ならみ

マートンコレッジの南側。この時期はバラが美しい。

な、出版された著作はあの男性の水準に到達していないと常々感じていた。[9]

サールは、ウィリアムズの著作は当時の哲学シーンで最高水準のものだと認めつつも、彼と会話したり授業や講演で話を聞いたりしたときに感じる眩暈がするような特別な感じは本からは完全には伝わってこない、と述べている。この、ライルやウィリアムズについて言われる「本よりも本物のほうがすごい」というのは、本を主戦場にする小説家の場合にはありそうにない話だが、哲学者の場合にはありうることだろう。

サールはウィリアムズの本が本物ほどは良くない理由について、彼が結局のところ哲学は簡単すぎるのでそこまで真剣に取り組むテーマではないと考えていたからではないかと推察している。ウィリアムズの考えでは、哲学は「精神的なオナニー」であり、真理が発見可能な科学に比べて不完全な学問であったという。サールは科学へのこうした劣等感は、ウィリアムズも含め当時のイギリス人の多くが14歳までしか科学を学ばなかったからだろうとコメントしている。

何にせよ、サールはウィリアムズはどんな職業でも優れた業績を残しただろうと述べ、哲学者になったのはオックスフォード大学では古典学を専攻すると哲学も学ぶことになっており、たまたま当時は哲学が流行していたから哲学の研究者になっただけで、もし哲学がそこまで流行していなければ、古典学者として名を馳せたかもしれないと示唆している。しかし、これは裏を返せば、ライルが作ったオックスフォード大学の哲学研究の仕組みがうまく機能していたため、ウィリアムズのような才能のある若者を哲学専攻にすることに成功したということでもあろう。ライルは上首尾にウィリアムズをダークサイドに引き入れたのである。

その一方で、ウィリアムズが誰から影響を受けなかったか、というのも重要である。サールは、ウィリアムズが当時強大な影響力を持っていたウィトゲンシュタインやオースティンからほとんど影響を受けることはなかったと述べている。とりわけオースティンは、若くて優秀なウィリアムズを自分の陣営に引き入れることができなかったため、オックスフォード大学の哲学およびび自身の影響力の終焉を予感したそうだ。

こうしてウィリアムズは、オックスフォード哲学の言語分析の手法は学びつつも、主流とは違った方向に進むことになる。だがそこにはもう一人の人物の影響があった。（続く）

注

[1] 残念ながらウィリアムズは自伝を書いていない。以下の記述は主に下記を参照した。Jeffries, Stuart, "The quest for truth," *The Guardian*, 30 November 2002; O'Grady, Jane, "Professor Sir Bernard Williams," *The Guardian*, 13 June 2003; Lehmann-Haupt, Christopher, "Sir Bernard Williams, 73, Oxford Philosopher, Dies," *The New York Times*, 14 June 2003; Blackburn, Simon, "Bernard Arthur Owen Williams 1929-2003," *Proceedings of the British Academy*, Vol.150, 2007, pp.335-348.

[2] Jeffries, Stuart, "The quest for truth."

[3] Williams, Shirley, *Climbing the Bookshelves*, Virago Press, 2009, ch.8. この章はケアの倫理で有名なキャロル・ギリガン（社会学者として紹介されている）の話も出てきておもしろい。

[4] "Last Word: Baroness Shirley Williams," BBC Radio 4, 18 April 2021.

[5] 同上。

[6] Jeffries, Stuart, "The quest for truth."

[7] 反理論について、詳しくは下記を参照。Robertson, Simon, "Anti-Theory: Anscombe, Foot and Williams," *The Cambridge History of Moral Philosophy*, Cambridge University Press, 2017, pp.678-691.

[8] Williams, Bernard, "Ryle Remembered," *The London Review*, 1979.

[9] Searle, J. R., "Oxford Philosophy in the 1950s," *Philosophy*, Vol.90, No.2, 2015, pp.173-193. 以下のサールのコメントもすべてこの論文からである。

Chapter 25

反理論家ウィリアムズの誕生（2）

ウィリアムズが最も影響を受けた人物として、前章ではライルの名を挙げたが、実はほかにもう一人いる。それは誰なのか。今回は主に彼の後半生に関するエピソードを紹介しながら、この問いについて考えてみよう。[1]

◇

ウィリアムズは1959年にエアの招きでユニヴァーシティコレッジロンドン（UCL）の講師となり、64年にはベッドフォードコレッジロンドンの教授となった。[2] ロンドンで楽しく暮らしたあと、67年に38歳でケンブリッジ大学のナイトブリッジ哲学教授となる。この教授ポストはウィリアム・ヒューウェルやヘンリー・シジウィックも務めた由緒あるものだ。ここで彼は初の単著である *Morality*（1972）や、J・J・C・スマートとの共著 *Utilitarianism for and against*（1973）など、重要な著作を次々と公刊することになる。*Morality* の最終章で論じら

ケンブリッジを流れるケム川。

れた功利主義批判は後者でさらに展開されており、こうしてケンブリッジに移った彼は功利主義の強力な批判者となってゆく。

ちなみに *Utilitarianism for and against* はケンブリッジ大学出版局から出た本だが、この出版局の哲学の編集者をやっていたのがパトリシア・スキナーという、当時はまだ講師だった思想史家のクエンティン・スキナーの妻であった。彼女がこの本の編集者となったことがきっかけでウィリアムズと懇意となり、それぞれの伴侶のシャーリー・ウィリアムズとクエンティン・スキナーの抵抗の甲斐なく、二人は同棲するようになり、74年に結婚した。この出来事がシャーリー・ウィリアムズの政治家としてのキャリアに与えた影響については前章で述べたとおりである。[3]

◇

さて、ケンブリッジ大の教授時代のウィリアムズは、哲学の巨人の奇行種とも呼ぶべきエリザベス・アンスコムと同僚となった。彼は、アンスコムとの日々のやりとりが大変だったとオックスフォード時代の教え子のジョン・サールにぼやいている。これはオックスフォード時代の話だと思われるが、ウィリアムズたちが主催しているセミナーにアンスコムが出席していたときのことをサールが話している。

セミナーの最中に彼女は急に立ち上がり、今にも吐きそうな様子をし出した。彼女は「私、気持ちが悪くなってきた」と叫んで喉を押さえてかがみ込んだ。ウィリアムズはいつもの皮肉な調子で、「気持ちが悪いというのは文字どおりの意味でなのか、あるいは哲学的な意味でなのか?」と尋ねた。するとアンスコムは斜視の入った目でみなを見回し、「みんな騙されたでしょ、ねえ?」と言った。彼女は心に関する述語を用いるさいの行動上の基準についてウィトゲンシュタイン的な深淵な主張をしようとして芝居をしていたのだ。だが、出席者は誰も彼女の主張を理解していないように思われた。みな、彼女の振る舞いの奇妙さに驚いていたのだ。[4]

ウィリアムズのいたキングズコレッジ。

◇

1979年から始まった保守党のサッチャー政権下で大学への補助金がカットされると頭脳流出が起こり、ケンブリッジのキングズコレッジで学寮長を務めていたウィリアムズもプロテストのつもりで88年からしばらくの間カリフォルニア大学のバークレー校に拠点を移した。だが、米国の水が合わなかったようで、ヘアが引退するのに合わせてオックスフォード大学に戻ってきて、ホワイト道徳哲学教授になった。

ウィリアムズに最も影響を与えたもう一人の人物として、学部時代のチューターであったヘアの名前がすぐに浮かぶが、実はウィリアムズはヘアの名前を挙げていない。

ヘアはウィリアムズを弟子の一人と考えているにもかかわらず、である。[5] この関係は、(再びスターウォーズで言えば) オビ=ワン・ケノービとアナキン・スカイウォーカーの師弟の確執を彷彿とさせる。

たとえばウィリアムズが1972年の *Morality* で、昔から道徳哲学というのは空虚な説教ばかりで退屈だったが、「現代の道徳哲学は退屈になる新たな方法を見つけた。それは、道徳的問題についてまったく論じないことによってである」と嫌味たっぷりに言う矛先には、間違いなくヘアが含まれていただろう。[6] 妻のシャーリー・ウィリアムズによると、ウィリアムズは、「人生についての真理はほぼすべての人が知っており、知らないのは道徳哲学者だけだ」と言っていたそうだが、ここにもヘアが含まれている可能性が高い。[7] もっとも、そう言っている人物が後にオックスフォードの道徳哲学教授になるというのも皮肉な話ではある。

また、ウィリアムズはあまりに否定的だと考えていたヘアが、「君はすべてのものを破壊していくが、代わりにそこに何を置くつもりなのか」と尋ねたところ、ウィリアムズはすかさずこう答えたという。「そこには何も置きません。そもそもそこには何も置くべきではないのです」。[8] 反理論家としてのウィリアムズの立場を端的に表すエピソードと言える。

他方、前述のように、ウィリアムズは功利主義の最も強力な批判者の一人ではあったが、わいせつ規制と映画検閲のあり方について論じたいわゆるウィリアムズ報告では、従来のわいせ

オックスフォード市内を流れるチャーウェル川のボート。

つ基準を用いた規制ではなく、ミルの他者危害原則を中心とする規制に方向転換すべきだという提言を行っており、ヘアは得意気に、やっぱりウィリアムズも功利主義者やんけ、と指摘している。正確には、ヘアは次のように述べている。

哲学的な立場としては、ウィリアムズは功利主義の迫害者としてのひたむきなインテグリティ（彼の奇天烈な用法における意味での）によってよく知られている。この迫害のひたむきさは、改宗前のパウロによるキリスト教信者の迫害に比肩できるものである。しかし、ウィリアムズ報告における議論は、徹頭徹尾、功利主義的である。[9]

このように、ヘアはウィリアムズをライトサイドに引き戻そうとしていたが、叶わなかった。なお、Chapter 20で紹介したマリー・ウォーノック同様、ウィリアムズはいくつかの政府の委員会のメンバーとなっており、「私はあらゆる悪徳(の委員会)を経験した。ギャンブル、わいせつと検閲、ドラッグ、そしてパブリックスクールだ」と述べていたという。パブリックスクールを悪徳の一つに入れるというのは、「セックス、ドラッグ、男子校」という感じだろう。

◇

話がやや脱線したが、ウィリアムズに最も影響を与えたもう一人がヘアではないとすれば、それはいったい誰か。それは、先ほど奇行種と形容したアンスコムである。ウィリアムズは最晩年のインタビューの中で、アンスコムからは、単に議論で勝つという意味での「賢さ」だけが重要なのではなく、議論のための議論に陥らずになぜその議論が重要なのかを問い続ける「真剣さ」も大切だということを教わったという。[10] 実際、ウィリアムズの代表作である『哲学は生き方について何が言えるか』の最終章における、義務と非難を中心に据えた現代道徳に対する批判は、アンスコムの影響を色濃く感じさせるものである。[11]

また、アンスコムの友人だったフットやマードックの影響も強い。同書では、厚い概念と薄い概念という重要な区別が出てくるが、彼はこの発想をフットとマードックが1954年に行っていた大学院生向けの授業で学んだと述べている。[12] このように、ヘアやオースティンらの主流のオックスフォード哲学を批判していたアンスコムら女性哲学者たちの流れが、反理論家ウィリアムズの誕生にも関わっていたと言える。

なお、過去の哲学者との関係で言えば、ウィリアムズはデカルト研究者として知られているが、60年代以降はニーチェにかなり入れ込んでおり、サールの話では、ウィリアムズは「ニーチェは8割がた正しい」と言っていたそうだ。ここに「8割おじさん」の系譜を見ることができる……というのは嘘だが、ウィリアムズの現代道徳哲学批判にニーチェの影響を見ることはさほど難しくないだろう。

◇

以上が、20世紀末に「現存する最も偉大な哲学者」とまで呼ばれたウィリアムズの来歴である。ウィリアムズは1996年に道徳哲学の教授を退職したあと、再びオールソウルズコレッジのフェローとなったが、1999年に骨髄がんが見つかり、その後も何冊か本を書いたあと、2003年にローマで客死した。最初の妻のシャーリー・ウィリアムズも2021年4月に介護施設で亡くなった。

次章はそんなウィリアムズを崇拝していたパーフィットの話をしよう。

注

［1］前章同様、以下の記述は主に下記を参照した。Jeffries, Stuart, "The quest for truth," *The Guardian*, 30 November 2002; O'Grady, Jane, "Professor Sir Bernard Williams," *The Guardian*, 13 June 2003; Lehmann-Haupt, Christopher, "Sir Bernard Williams, 73, Oxford Philosopher, Dies," *The New York Times*, 14 June 2003; Blackburn, Simon, "Bernard Arthur Owen Williams 1929-2003," *Proceedings of the British Academy*, Vol.150, 2007, pp.335-348; Wollheim, Richard, "Professor Sir Bernard Williams," *The Independent*, 20 October 2011.

［2］ベッドフォードコレッジロンドンは１９８５年にロイヤルホロウェイコレッジロンドンと合併したため、現在は存在しない。

［3］シャーリー・ウィリアムズが当時を回想した下記の記事もおもしろい。"My unfaithful husband was vulnerable to hopeful women's advances, says Shirley Williams of the 'brilliant' man who left her," *MailOnline*, 13 January 2015, https://www.dailymail.co.uk/femail/article-2907435/My-unfaithful-husband-vulnerable-hopeful-women-s-advances-says-Shirley-Williams-brilliant-man-left-her.html

［4］Searle, J. R., "Oxford Philosophy in the 1950s," *Philosophy*, Vol.90, No.2, 2015, pp.173-193, at 182.

［5］Hare, R. M., "A Philosophical Autobiography," *Utilitas*, Vol.14, No.3, 2002, p.286.

［6］Williams, Bernard, *Morality: An Introduction to Ethics*, Harper & Row, 1972, ch.1.

［7］Williams, Shirley, *Climbing the Bookshelves*, Virago Press, 2009, ch.6.

［8］Voorhoeve, Alex, *Conversations on Ethics*, Oxford University Press, 2009, ch.9.

［9］Hare, R. M., *Essays in Ethical Theory*, Clarendon Press, 1989, p.3. 下記も参照。Hare, R. M., *Essays on Political Morality*, Clarendon Press, 1989, pp.115-116. なお、ウィリアムズの「インテグリティ」概

念を用いた功利主義批判については次を参照。Smart, J. J. C. and Bernard Williams, *Utilitarianism: For and Against*, Cambridge University Press, 1973, pp.93ff. また、ウィリアムズ報告書については以下を参照。Williams, Bernard, *Obscenity and Film Censorship: An Abridgement of the Williams Report*, Cambridge University Press, 2015. 報告書の概要は以下の著作で紹介されている。加茂直樹『社会哲学の諸問題——法と道徳を中心にして』晃洋書房、１９９１年、付論II。

［10］Voorhoeve, Alex, *op. cit.* ただし、ウィリアムズは他の点ではアンスコムから影響を受けなくてよかったと述べている。

［11］Williams, Bernard, *Ethics and the Limits of Philosophy*, Routledge, 2011.（翻訳、バーナド・ウィリアムズ著、森際康友／下川潔訳『生き方について哲学は何が言えるか』筑摩書房、２０２０年）。第10章の注18ではアンスコムの「現代道徳哲学」への言及がある。

［12］同上、第8章の注7。

Chapter 26
哲学の修道僧、パーフィット

デレク・パーフィットの数ある逸話の中でも一番印象的なのは、彼のクローゼットには数着の白いシャツと黒いズボンだけが入っており、彼はいつもそれ（と必要な場合には赤いネクタイ）を着ることで時間を節約していたという話だ。私もできれば中国の人民服を着て生活したいと長年思っているほうなので、この習慣には大いに共感するが、彼のように突き抜けた生き方をするには至っていない。パーフィットのような超一流の哲学者になりたい人のために、今回は彼の人生とライフハックを紹介しよう。[1]

◇

パーフィットは1942年に四川省の成都で生まれた。中国で生まれたのは、両親がオックスフォード卒の医師兼宣教師で、現地の病院に予防医学を教えに来ていたためだ。日中戦争の影響もあり、一家は1945年にオックスフォードに戻り、パーフィットは名門小学校のドラ

オックスフォードにある名門ドラゴンスクール。映画『ハリー・ポッター』のシリーズに出ていたエマ・ワトソンが通っていたことでも有名。

ゴンスクールに通ったあと、これまた名門のイートン校の寮生となった。イートンでは数学以外は非常に優秀な成績だったようで、哲学への関心もこの頃に始まっている。

1961年、パーフィットはオックスフォード大学のベイリオルカレッジに入学し、歴史学を専攻した。哲学を学ぶためにPPE（哲学・政治学・経済学）に専攻を変えることも考えたが、論理学が必修のため、あきらめたという。[2] これとは別の説もある。経済学では数学を学ぶ必要があるので、パーフィットが経済学の教科書を試しに読んでみたところ、彼は「上と下に点が付いた横線」の記号の意味がわからなかったので誰かに尋ねてみた。すると、「あっ、それは割り算の記号だね」と教えられ、パーフィットは恥ずかしくて死にたくなって、そのまま歴史学を専攻し続けることに決めたという。[3]

歴史学を続けるか哲学に専攻を変えるか悩んでいたパーフィットは、1964年から2年間、奨学金をもらって米国に行き、コロンビア大学やハーバード大学で哲学の授業を受け、哲学の魅力に惹かれて専攻を変えることに決めた。米国では、自殺や人生の意味という重要な問題を扱っているが何をしゃべっているかわからない大陸哲学研究者の授業と、非常に明快に話すがまったくどうでもいい内容について話している分析哲学研究者の授業に出て、重要な問題を明快に話すためには大陸哲学を学ぶべきか分析哲学を学ぶべきか考えた末、分析哲学を学ぶほうがよいと判断して英国に戻った。

帰国後、パーフィットはベイリオルコレッジでB.Phil.を専攻し、エアやヘアやストローソンのチュートリアルを受け始めたが、1967年の秋に難関オールソウルズコレッジの試験に合格し、フェローとなった。フェローになるとB.Phil.は続けられない決まりがあったため、彼はD.Phil.に切り替えたものの、結局博士論文は提出せずに終わることになる。したがって、パーフィットが唯一取った学位は学部のときの歴史学のみということになり、彼は哲学の学位を一切持っていない近年では稀有な哲学者である。

パーフィットは2009年末に67歳で定年退職するまで、ずっとオールソウルズのフェロー

オールソウルズコレッジ内にあるチャペル。大学院生と研究者しかいないコレッジのため，あまり部外者には開かれていない。

であった。彼は授業の負担がきわめて少ない非常に恵まれた環境で、修道僧のような研究生活を続けた。彼は7歳のときに修道僧になりたいと考えていたので、ある意味ではその夢が叶ったとも言える。とはいえ、彼に苦労がなかったわけではない。最初のフェローシップは任期が7年で、1973年には3冊の本を書く約束でシニアフェローになれたのだが、次の期限の1980年になってもパーフィットはまだ1冊も本が書けていなかった。幸い4年間の延長が認められたものの、その間に本が書けなければフェローを首になることが決まっていた。そのように追い詰められた末、1984年の41歳のときに出版したのが『理由と人格』である。[4] この本はすぐに高い評価を受けたため、パーフィットは無事に終身フェローになることができたという。

◇

本が書けないといっても、パーフィットは遊んで暮らしていたわけではない。むしろ、まさに修道僧のように、毎日ほぼ一日中研究に没頭していた。彼は昼食前に起きて、夕飯以外は深夜まで勉強し続けた。若い頃は不眠症に悩まされていたが、30代半ば以降は、医師に処方してもらった抗鬱薬と大量のウォッカを飲むことで失神するようにして寝る技術を身に付けたという。起きている間は、家族の集まりやコレッジ内での社交といった「雑用」は極力避けて、ひたすら研究に没頭していた。時間の節約のために、歯を磨くときや服を着替えるときにも論文を読んだ。1回歯を磨く間に論文80ページ分読んだとされる。よほど歯を磨く時間が長かったのだろうと邪推したくなるが、パーフィットは自他が認めるすごい速さで本や論文を読んでいたようだ。また、コーヒーをよく飲んでいたが、コーヒーを豆や粉から淹れる時間がもったいないので、インスタントコーヒーしか飲まず、しかもコンロでお湯を沸かさずに、蛇口から出るお湯ですませていたという。食事も自分で作らないといけないときには、調理しなくてすむ生野菜とフルーツを毎食食べるなど、可能な限り労力を省いていた。用事でどこかに行くときは極力走るようにし、年を取って運動が必要と感じてからは、毎晩1時間、フィットネスバイクを全速力で漕ぎながら哲学書を読んだ。

このようにしてひたすら哲学の勉強をしていたパーフィットだが、彼の研究時間は、自分の著作を書く時間と、他の研究者から送られてきた論文や著作のドラフトにコメントする時間に分かれていた。有名な話だが、パーフィットは知り合いの哲学者や学生から論文や著作のドラフトが送られてくると、すぐに読んでしばしば元の原稿よりも長いコメントを付けて返した。また、自分の著作のドラフトも方々に送り、受けたコメントや批判に丁寧に答えて本を完成させていくスタイルを好んだ。『理由と人格』の出版が遅れたのは、一つにはこのような事情があるようだ。実際、『理由と人格』のドラフトは世界中の100名以上の研究者に送られ、それに答えた50名以上の研究者の名前が謝辞に載っている。2000年代前半からドラフトが出回っていた『重要なことについて』(2011)に至っては、250名以上の名前が謝辞に挙がっている。パーフィットは共著論文を書くわけではなかったが、彼にとって哲学はこのような「協力的活動」だった。[5]

彼はまた議論も好んだ。ゴシップ話は一切せず、ひたすら哲学的な議論を続けた。現在オックスフォード大学のホワイト道徳哲学教授であるジェフ・マクマハンはパーフィットの弟子の一人だが、彼が若いときに受けたパーフィットのチュートリアルは、長いときには14時間にも及んだという。[6] パーフィットは年を取ってからは若い学生と議論をすることを好んだが、それは同世代の哲学者たちやかつての弟子たちは家族がいたり大学の雑務が忙しかったりして、半日ぶっ通しで哲学談義ができないからだった。パーフィットだけが、年を取っても若い頃と同じような生活を続けていたのである。

これまた有名な話だが、パーフィットの趣味は写真だった。彼は高齢になるまで毎年数週間ヴェニスとサンクトペテルブルクに行き、ひたすら同じ建物の写真を撮り続けた。そうして帰

パーフィットの *On What Matters*（『重要なことについて』）の第1巻から第3巻。いずれも装丁はサンクトペテルブルクの写真。2022年に第1巻と第2巻の翻訳が出された。

国すると、研究を終えた深夜の時間帯を趣味の時間に充てた。自分でも現像のための機材を一通り買い揃えていたが、撮影した1000枚ぐらいの写真の中から3枚ほど気に入った写真を選ぶと、プロの技術者に1枚100ポンドで現像してもらっていた。さらにPhotoshopのようなソフトウェアが出回るまでは、手作業で写真から人を消すなどして、20世紀の痕跡をなくすと同時に、建物そのものにも手を加えて、彼がこうあるべきだという姿になるまで修正を行った。彼の著作の装丁に使われているのは、こうした写真の一部である。[7] パーフィットはこの金のかかる趣味の費用を捻出するために米国の大学の客員ポストを引き受けていたという。写真を止めてからは、余ったお金で貧困救済のための寄付をするようになった。

◇

パーフィットは13歳年上のバーナード・ウィリアムズ

を激しく敬愛していた。社交を愛したウィリアムズと社交を極力避けたパーフィットはまったく対照的だが、彼はウィリアムズをとにかく尊敬していたようだ。あるとき、パーフィットは弟子の一人のラリー・テムキンに、ウィリアムズがケンブリッジ大のキングズコレッジの屋根に立ってケンブリッジ市街を見わたしている写真を見せて、「彼はすばらしいと思わないかい？」と尋ねたという。この話からすると、パーフィットはウィリアムズの哲学だけでなく、外見も含めた人間としてのウィリアムズを尊敬していたようだ。一方、ウィリアムズはパーフィットの独創性は認めていたが、社交性のないパーフィットを高くは評価していなかった。[8]

倫理学に関するウィリアムズとパーフィットの立場も対照的である。ウィリアムズは道徳に関して相対主義的で、行為の理由に関しても欲求の存在を重視する主観主義的な立場を堅持していた。そのため、より実在論的で客観主義的なパーフィットは、ウィリアムズは何かを誤解しているに違いないと考え、彼を説得できる議論を構築すべく研究に没頭した。しかし、二人の意見は結局一致を見ないまま、ウィリアムズは２００３年に亡くなってしまう。その後も、パーフィットは自分がウィリアムズをいかに愛していたかを周囲に繰り返し語り、自分がウィリアムズに真理を悟らせることができなかったことを悔やんでは涙を流していたという。

その一方で、二人に共通するのは議論における卓越性である。ウィリアムズが議論の相手の主張を本人以上に理解して、それに対するあらゆる可能な反論と、さらにそれに対するあらゆる可能な反論を、相手の発言が終わる前に用意すると言われるほど頭脳明晰だったことはすでに述べたが（⇒ **Chapter 24**）、パーフィットも若い頃から似たような（超）能力を発揮していたようだ。1960年代末、オックスフォードでB.Phil.を取得するためにオーストラリアから留学に来ていたピーター・シンガーは、ジョナサン・グラバー、ジェイムズ・グリフィンとパーフィットが3人で担当していたセミナーに出て4歳年上のパーフィットを知ったときのことを、まるで「チェスのグランドマスター」に出会ったかのようだったと回顧している。

哲学を学び始めてからもう50年以上になるが、私が出会った哲学者たちの中で最も天才に近かったのはパーフィットだった。彼と哲学的議論をすることは、グランドマスターとチェスをするようなものだった。彼は自分の議論に対する私の応答をすべて先に考えついており、それに対するいくつかの返答を検討し、それらの返答への反論と、さらにその反論に対する最善の再反論を知っていたのだ。[9]

マクマハンもパーフィットを優れたチェスプレイヤーに喩えているが、このような「哲学的チェス」が半日ぐらい延々と行われたら相手もさぞかし大変だろう。

長くなってきたので続きは次章にすることにしよう。

注

［1］以下の記述は、下記の文献による。Dancy, J., “Derek Parfit,” *Biographical Memoirs of Fellows of the British Academy*, XIX, 2020, pp.37-57; McMahan, J., “Derek Parfit（1942-2017）,” *Philosophy Now*, Issue 119, 2017, https://philosophynow.org/issues/119/Derek_Parfit_1942-2017; MacFarquhar, L., “How to be good,” *The New Yorker*, 5 September 2011; Edmonds, D., “Reason and romance: The world’s most cerebral marriage,” *Prospect*, 2014, http://www.prospectmagazine.co.uk/features/reason-and-romance-the-worlds-most-cerebral-marriage

［2］Dancy, *op. cit.*

［3］MacFarquhar, *op. cit.*

［4］翻訳は、デレク・パーフィット著、森村進訳『理由と人格』勁草書房、１９９８年。

［5］Dancy, *op. cit.*, p.45.

［6］Edmonds, *op. cit.*

［7］パーフィットの写真は次の新聞記事でいくつか見ることができる。Derbyshire, J., “The philosopher in the darkroom: Derek Parfit’s photographs,” *FT Magazine*, 27 April 2018, https://www.ft.com/content/8b4f9470-4816-11e8-8ae9-4b5ddcca99b3

［8］MacFarquhar, *op. cit.*

［9］Singer, Peter, “A Life That Mattered,” *Project Syndicate*, 14 March 2017. この話は以下にもある。Singer, Peter, “An Intellectual Autobiography,” J. A. Schaler ed., *Peter Singer under fire: The moral iconoclast faces his critics*, Open Court, 2009.

Chapter 27

パーフィットと「重要な仕事」

前章で述べたように、パーフィットは趣味の写真の時間を除けば、寝食を惜しんでひたすら研究に専念する修道僧のような生活を送っていたが、恋愛をしなかったわけではない。彼はジャネット・ラドクリフ・リチャーズ（Janet Radcliffe Richards, １９４４〜 ）という女性の哲学者と長年付き合った末、オールソウルズコレッジのフェロー定年退職直後の２０１０年に67歳で結婚している。

ジャネットとパーフィットが最初に出会ったのは１９８０年代の初頭である。[1] 当時、パーフィットはオールソウルズコレッジにて、アマルティア・セン、Ｇ・Ａ・コーエン、ロナルド・ドゥウォーキンと共同セミナーを開催していた。毎回４人のうちの一人が提題して2時間討論をするという形式のこのセミナーは「スターウォーズ」と呼ばれていたそうだが、ジョージ・ルーカス監督の映画のそれというよりは、まさに当時の大スター同士のぶつかりあいが見

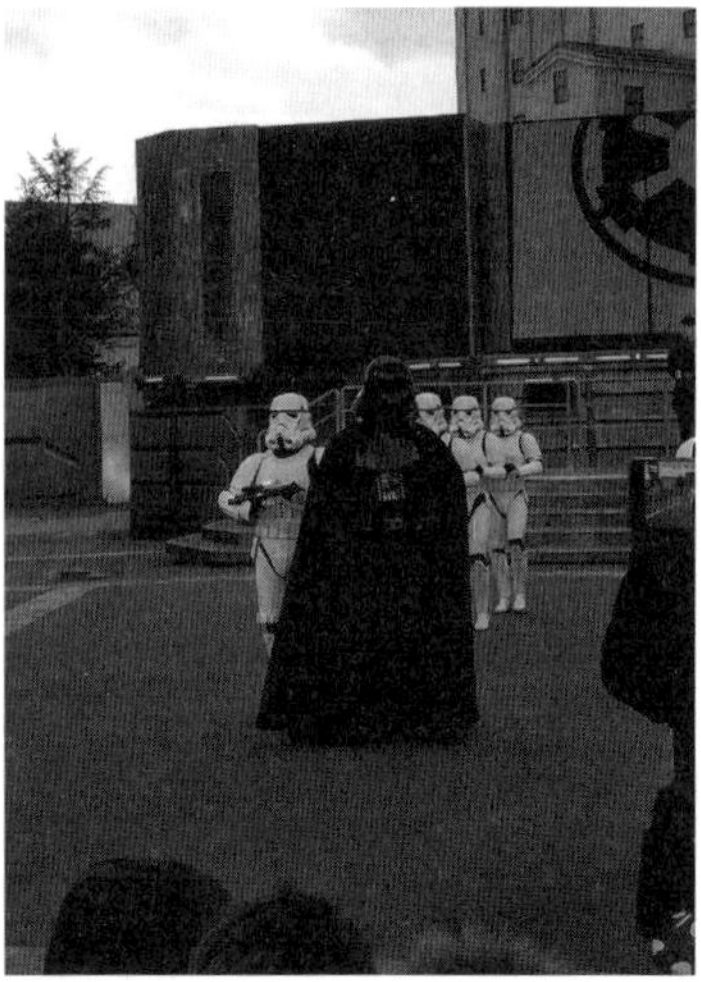
パリのディズニーランドに降臨したダースベイダー。

られたということだろう。「町一番の見世物」と評判だったこのセミナーにジャネットが顔を出したのは1982年のことである。彼女は当時、日本の放送大学に当たるオープン・ユニヴァーシティの哲学講師で、1980年に*The Sceptical Feminist*というフェミニズムの主張を批判的に吟味する著作を上梓し、ロンドンからオックスフォードに引っ越してきたばかりだった。[2]

セミナーの終了後、ジャネットのことをすでに知っていたセンが彼女に挨拶した。その後、パーフィットが、センから彼女の名前を聞き出し、そのときからパーフィットのアプローチが始まった。アプローチといっても、普通の求愛行動とはやや趣が異なり、パーフィットはまず彼女の*The Sceptical Feminist*を入手して、「一種のオーディション」としてそれを読んだ。次に、その本についてほとんど研究論文のような手紙を書いてジャネットに送り付け、直接会って話をしようと伝えた。ジャネットはパーフィットと何度か会ってみたが、彼はジャネットに会っても一切恋愛話をせず、男性に話すのと同じように彼女と話した。彼女にチョコレートや花のようなプレゼントを贈るのではなく、ドゥウォーキンからもらった中古のデスクトップパソコンを彼女に貸した。彼女は借りたコンピュータを使ってはみたものの、何度もフリーズして困ったという。そこでパーフィットはコンピュータを修理するために深夜にジャネットの家に行くという提案をしたが、これはどうもうまい口実だったようだ。

まもなく二人はパートナーとなり、一緒に住む家を探すことになった。二人はオックスフォードで家を探したが、パーフィットはストーンヘンジのあるエイヴベリーの近くにある、18世紀に建てられたジョージ王朝様式の家を非常に気に入ったため、かなりの金額を払ってその家を購入して住むことになった。エイヴベリーはオックスフォードからはかなり離れたところだが、その家から10分ほど行ったところにはパーフィットが好きなイングリッシュ・ブルーベルが絨毯のように咲く森があり、また最上階の書斎の窓からの見晴らしはすばらしいものだった。しかし、パーフィットはそこに住んだ8年の間に実に2回しかその森に足を運ばず、また見晴らしの良い書斎で研究するさいには窓のブラインドを常に下げていたという。パーフィットにとっては美しい風景が存在するだけで十分だったのだ。

ジャネットとの関係も似たところがあり、二人がパートナーになるとパーフィットは再び研究に没頭する修道僧のような生活に戻った。結局、ジャネットはパーフィットとの同居はうまくいかないと悟り、パーフィットが引退するまでは彼女はロンドン、パーフィットはオールソ

春に咲くブルーベル。

ウルズで生活し、毎日数度電話するという遠距離での関係が続いた。引退後は冒頭に記したように（主に税法上の理由から）正式に結婚し、オックスフォードのセントジョン通りに居を構えた。

なお、ジャネットはオープン・ユニヴァーシティで1999年まで勤めたあと、2000年から2007年までユニヴァーシティコレッジロンドン（UCL）の生命倫理センターの所長を務め、それから現在までオックスフォード大学の実践哲学教授として活躍している（私もオックスフォード滞在中に彼女の自宅でのセミナーに何度か出席してお世話になった）。90年代に臓器売買賛成論を発表して論争になり、また進化倫理学についての著作では男女の心理的な違いが生得的なものか社会的に構築されたものかを問題にしている。[3]

◇

やや哲学の話になるが、死についてのパーフィットの見解を紹介しておこう。哲学における古典的な問題の一つに、人格の同一性の問題がある。これは、過去の自分、今の自分、未来の自分が同一だと言える基準や根拠は何かということを問題にするものだ。通常、この問題が倫理的に重要なのは、人格の同一性が責任や賞罰の前提となっているためである。仮に過去の私と現在の私の同一性を保証する基準がないのであれば、現在の私が過去の私の行為について責任を負う必要はなく、また仮に来世があるとしても、現世の私と来世の私が同一であることを示せないのであれば、現世の私の行いの悪さのゆえに来世の私が地獄に行く必要はなくなるだろう。

だが、パーフィットは人格の同一性の問題を、すでに1971年の論文において、これとは別の倫理的問題と結びつけていた。[4] パーフィットの考えでは、自分の利益や生存への執着の背後には、人格の同一性についての特定の信念が潜んでいた。すなわち、「私」という確固たる自我が過去から将来にわたって通時的に存在するという信念が、「生涯における自分の利益を最大化することが正しい」という利己主義の前提になっており、また、自分の老いや死を強く恐れる原因でもある、と彼は考えたのだ。

パーフィットは『理由と人格』で脳の分割のようなさまざまな思考実験を用いて、このような自我観を支持する根拠はないと論じ、過去の自分、現在の自分、未来の自分をつないでいるのは心理的継続性であるという立場をとった。それゆえ、人格の同一性というのは1か0かではなく程度の問題であり、またしたがって、自他の区別というのは、通常考えられているよりも強固なものではないと考えるようになった。彼はこの立場をとることで得られる見解を次のように表現している。

この真理は気の滅入るものだろうか？　そう考える人もいるかもしれない。しかし私はそれが解放と慰めをもたらすものだと思う。私の存在がそのようなさらなる〔1か0かの〕事実であると信じていた時、私は自分自身の中に閉じ込められているように思われた。私の生はガラスのトンネルのようだった。私はそれを通って毎年一層早く動いていき、その端には闇〔すなわち死〕があった。私が見解を変えた時、私のガラスのトンネルの壁は消滅した。私は今や屋外（open air）で生きている。私の生と他の人々の生の間にはまだ違いがあるが、その違いは小さくなった。他の人々は近くなった。私は自分自身の生の残りを気にかけることが少なくなり、他の人々の生を気にかけることが多くなった。[5]

このくだりを読むと、パーフィットが閉所恐怖症的に死を恐れていたように思われるが、インタビューでは他の人以上に死を恐れていたわけではないと答えている。[6]いずれにせよ、パーフィットは人格の同一性という伝統的な形而上学的な問題の検討を通じて、死への恐れと自己利益への執着を克服したのであった。彼は次のように続けている。

私の死は、私の現在の経験と未来の経験との間の直接的な関係を断ち切るだろうが、他のさまざまな関係は断ち切らないだろう。私であるところの人は誰も生きていないという事実の意味するところは、これがすべてである。このことがわかった今では、私の死は前ほど悪いものではないように私には思われる。[7]

◇

上記の引用は『理由と人格』の「重要なこと（What does matter)」という章からであるが、この「重要なこと（What matters)」というのは2作目の著作が *On What Matters* というタイトルであることからも推察できるように、パーフィットにとっては一つのキーワードであった。パーフィットは8歳のときに信仰を捨てた無神論者であり、神がいなくても道徳は成り立つと考えていた。しかし、道徳的主張は指令であり真理値を持たないとするヘアのような非認知主義の立場では、「本当に重要なものは何もない（Nothing really matters)」という「ボヘミアン・ラプソディ」の歌詞の一節のような道徳的なニヒリズムが生じてしまう、と彼は恐れていた。*On What Matters* は現代社会に跳梁跋扈するニヒリストないし懐疑論者たちに対して道徳的実在論を擁護することでそのような事態を避けるために書かれた本であるが、詳しくは分厚い3巻本を各自で読んでもらうことにしよう。[8]

オックスフォードのパブ。

パーフィットが２０１７年の年初に亡くなる数年前、急病で病院に運ばれたときのことを弟子の一人のマクマハンが回想している。[9] パーフィットはマクマハンが当時所属していた米国のラトガース大学で教えていたさいに、体調を崩して重体となり緊急入院することになった。幸い、24時間後には意識が戻り、大事には至らなかった。その後、呼吸器を外して話せるようになるや否や、パーフィットは気を失う前に考えていた哲学的議論をマクマハンに語り始めた。自分が集中治療室にいるのはなぜかとか、診断や予後がどうなのかということはほとんど気にならない様子だったとマクマハンは記している。

その翌日には、パーフィットが入院しな

ければ博士論文の審査をする予定だった大学院生が病院に来たので、パーフィットは喜んで学生と論文の内容について長時間議論をした。パーフィットのところにあまりに多くの見舞い客が来るので、ある看護師が驚きながらパーフィットに次のように言った。「イエス・キリストだって12人しか弟子がいなかったのに、あなたには何人の弟子がいるの？　あなたは明らかにとても重要な人物のようね。何の仕事をしているの？」。それに対してパーフィットはにこやかにこう答えた。

「私の仕事は、『重要なこと』についてです（I work on what matters）。」

注

［1］この恋愛話については、主に以下の記述に拠った。MacFarquhar, L., "How to be good," *The New Yorker*, 5 September 2011; Edmonds, D., "Reason and romance: The world's most cerebral marriage," *Prospect*, 2014, http://www.prospectmagazine.co.uk/features/reason-and-romance-the-worlds-most-cerebral-marriage

［2］オープン・ユニヴァーシティはテレビでの講義など通信教育が基本の大学であり、１９６０年代の労働党政権時に「万人に開かれた（Open to All）」高等教育を提供せんと構想され、１９６９年に設立された（授業開始は１９７１年）。https://www.open.ac.uk/

［3］Radcliffe Richards, Janet, *Human Nature after Darwin*, Routledge, 2000, and *The Ethics of Transplants*, Oxford University Press, 2012.

［4］Parfit, Derek, "Personal Identity," *The Philosophical Review*, Vol.80, No.1, 1971, pp.3-27.

［5］デレク・パーフィット著、森村進訳『理由と人格』勁草書房、１９９８年、３８７〜３８８頁。表現を少し修正した。

［6］MacFarquhar, L., *op. cit.*

［7］パーフィット『理由と人格』同上。

［8］Parfit, D. and S. Scheffler, *On What Matters, Volume One*, Oxford University Press, 2011; Parfit, D. and S. Scheffler, *On What Matters, Volume Two*, Oxford University Press, 2011; Parfit, D., *On What Matters, Volume Three*, Oxford University Press, 2017.（翻訳、デレク・パーフィット著、森村進訳『重要なことについて 第1巻』勁草書房、２０２２年。デレク・パーフィット著、森村進／奥野久美恵訳『重要なことについて 第2巻』勁草書房、２０２２年）

[9] McMahan, J., "Derek Parfit (1942-2017)," *Philosophy Now*, Issue 119, 2017, https://philosophynow.org/issues/119/Derek_Parfit_1942-2017

こぼればなし㉒　パーフィットとチベット仏教

人格の同一性に関するパーフィットの見解が仏教のそれと近いということはしばしば指摘されることだが、チベット仏教の修道院で新米の修道僧たちが『理由と人格』の一部を仏教の経典と一緒に暗唱しているという話がある。

パーフィットに関する『ニューヨーカー』の記事でこの話を読んだときは眉唾だなと思っていたが、どうもそうではないらしい。同じように思った仏教徒の読者がいて、彼が出版社に問い合わせたところ、話の出所は米国の有名な哲学者のダン・ウィクラーとのことで、ウィクラーのより詳細な説明によると、こういう話だったようである。

山登り好きのウィクラーがインド北部のチベット仏教の修道院を訪れることがあり、そこの仏教僧と自己についての話になり、パーフィットの『理由と人格』の内容がよく似ているので、帰ったら1冊送ると約束をした。パーフィットにこのくだりを話すと、彼がサイン入りの本を送ってきてくれたので、それをウィクラーが修道院に送ったという。

数年後に再びその修道院に行く機会があり、修道院長の厚意で1泊することになった。翌朝、ウィクラーが中庭で行われている若い僧侶たちの朝の修行を眺めていると、以前会った仏教僧が、「実は修道院長に『理由と人格』を渡したところ、大変気に入って、その一節を修行のルーチンに入れることに決めたんです」と言い、ウィクラーは驚いたという。

ウィクラーが帰ってからその話をパーフィットに伝えると、パーフィットは喜んでいたという。正確にどの一節なのかはわからないので、次に『理由と人格』を読むときに考えてみてほしい。

(MacFarquhar, L., "How to be good," *The New Yorker*, 5 September 2011; "Tibetan monks found chanting text by Oxford philosopher," *Tricycle (the Buddhist Review)*, 13 September 2011, https://tricycle.org/trikedaily/tibetan-monks-found-chanting-text-oxford-philosopher/)

Chapter 28
ベジタリアンになったピーター・シンガー

20世紀の終わり、私がまだヨチヨチ歩きの大学院生だった頃にピーター・シンガーが京都に来たことがあった。私は大学でのシンガーのセミナーに出席したあと、某教授の自宅での夕食会にご一緒した。そのさい私は、当時読書会で読んでいたシンガー編の *A Companion to Ethics* にオートグラフ（サイン）を書いてくださいと言うつもりが、つい緊張して「オッ、オッ、オートバイオグラフィー（自伝）を書いてくださいっ」と言ってしまい、シンガーに「それは時間がかかるね」とジョークを言われながらサインをもらったのだった。

当日の食事は某教授の奥様によるベジタリアン食だったが、今回はシンガーがその後に書いた自伝も参考にして、彼がオックスフォード大への留学中にベジタリアンになった話をしよう。[1]

◇

シンガーが新婚の妻レナータと共にオーストラリアのメルボルンからオックスフォードに

秋のチャーウェル川。

やってきたのは１９６９年のことだった。シンガーは戦後すぐの１９４６年生まれだから、23歳のことである。彼はすでにメルボルン大学で哲学修士号を取っていたので、現在の感覚だと次は博士課程に入るものと考えられる。だが、以前の章で説明したように、当時は哲学教員になるにはむしろライルが作ったB.Phil.コースに入ったほうがよいと考えられていたため、シンガーもそのつもりでオックスフォードに来ていた。所属はメルボルン大学からの奨学金制度があったユニヴァーシティコレッジであった。

B.Phil.のコースでは当時、３つの哲学分野（そのうち一つは古典的な哲学者の思想）を選んで最後に試験を受けることと、３万語の比較的短い論文を書くことが求められていたが、シンガーは3つのトピックとして、倫理学と政治哲学、および「マルクスとヘーゲル」を選んだ。

最初のチューターは政治哲学の教授のジョン・プラムナッツだった。シンガーはオックスフォードのチュートリアルが思ったほど恐ろしいものではなくて安心したそうだが、プラムナッツが指定したリーディングリストには当たり前のようにドイツ語やフランス語の文献が入っていて面喰ったという。プラムナッツはシンガーにドイツ語ができるかとは尋ねたが、フランス語については何も尋ねなかった。「教養ある人間たるもの、フランス語は読めて当たり前」と彼が考えていたからだ。ちなみにシンガーの両親はユダヤ人で、ナチスの迫害を逃れるためにオーストリアからオーストラリアに移住してきていたという事情もあり、シンガーもドイツ語は一通りできたようだ。

チュートリアル以外は自由に講義やセミナーに出席できたので、シンガーは、エア、スチュアート・ハンプシャー、ストローソン、ハート、フット、バーリンなど有名どころの哲学者の話を聴きに行ったという。また、1969年にハートに代わってオックスフォードの法哲学教授になったばかりのロナルド・ドゥウォーキンが、米国人らしい明るいスーツと派手なネクタイでハートの法実証主義を批判する講義をしているのも聴講した。

ほかにも、オールソウルズコレッジでドイツ留学経験のある若いフェローによる、ヘーゲルの『精神現象学』を一文一文ちまちま読むセミナーにも出席した。このような講読の授業は日本では珍しくないが、シンガーは「最も奇妙な授業だった」と記しており、数十ページのテキストを読むのに週2回8週間かけるというのは英国の哲学教育の伝統とはずいぶん異なると述べていて興味深い。とはいえ、シンガーはこの授業のおかげで後にヘーゲルの入門書を書けたと記している。[2]

最もおもしろかった授業は、当時まだ若手研究者だったパーフィットがジョナサン・グラバーやジェイムズ・グリフィンと一緒にやっていた、今で言う「応用倫理」のセミナーだったという。人口問題などについて話していたパーフィットがチェスの名人のように議論の先の先まで読んでいたという話は前にもしたが、グラバーも後に *Causing Death and Saving Lives*（1977、未邦訳）で展開する興味深い議論をしていたという。

とはいえ、研究上最も影響を受けたのは当時ホワイト道徳哲学教授だったヘアで、シンガーはすでにメルボルン大学にいる頃からヘアの著作を読んで知っていた。ヘアはとても怖い先生だという評判も知っていたが、勇気を出して自分が以前に書いたヘアを批判する論文を彼に送りつけたところ、時間を取って会ってくれることになった。ヘアはシンガーの批判が自分の著作の誤読に基づくことを指摘したが、快く指導をしてくれ、道徳哲学のチュートリアルと、最後に提出することになっていた論文の指導をしてくれたという。シンガーは論文のテーマとして、当時まだ続いていたベトナム戦争とその反戦運動に関連して、市民的不服従の問題を選んだ。当時はまだ応用倫理的な論文で書くことは珍しかったが、ヘアは応援してくれたそうだ。[3]

◇

勉強の話はこのぐらいにして、次になぜシンガーがベジタリアンになったかという話をしよう。シンガーは1970年にリチャード・ケッシェンというカナダ人研究者と食事をする機会があった。ケッシェンはシンガーと同世代の哲学研究者で、グラバーの指導のもと、スピノザについての博士論文を書いていた。[4] 二人はグラバーの授業に出たあと、ケッシェンが所属するベイリオルコレッジの食堂でお昼を食べることにした。その日のランチのメニューはスパゲティかサラダで、ケッシェンはスパゲティのソースに肉が入っていることを知るとサラダを選んだが、シンガーはとくに気にせずスパゲティを選んだ。食事中にシンガーがケッシェンになぜ肉を食べないのかと訊いたところ、ケッシェンは工場畜産の問題を説明し、シンガーはそこで初めて動物福祉とベジタリアニズムの問題に直面したという。

オックスフォードに来る前は、シンガーは動物福祉は主に心の優しい老婦人が頭を悩ますべき問題であり、ベジタリアニズムは変人がやることだと思っていた。しかし、ケッシェンを通じて後に「オックスフォードグループ」として知られることになるベジタリアンの研究者たちと知り合いになり、彼らと動物福祉の問題を議論することを通じて、哲学的に考えて肉食を続けることはできないと考えるようになった。[5]

とはいえ、それまではほぼ毎日肉を食べ、兎やカンガルーの肉も含めてどんなものでも食べることを自慢にしていたシンガーとしては、ベジタリアンになることは倫理的に正しいとしても明らかに自己利益に反していた。そこで彼は次のような理屈を妻のレナータに話した。

「やるべきことがわかったら、とにかくやる」という立場を貫くなら、贅沢をしないで貧しい人のために寄付をすべきことになる。ところで、自分は現在バングラデシュで起きている飢饉に対してなすべきことをしていない。だから、動物についても正しいことをしなくてもよいのではないか。

シンガーはこんな理屈をこねたことをあとで後悔したようだが、これに対してレナータは、むしろ自分たちはベジタリアンになり、かつ飢餓救済のために寄付をすべきなのだともっともな反論をして、シンガーもこれに反論できなかったという。

その結果、彼らは、工場畜産による鶏肉、子牛、すべての豚製品は食べるのを止めた。しばらくは放牧の卵や上記以外の肉類は食べていたが、数週間すると肉をまったく食べなくても生きていけることがわかったため、ベジタリアンになった。とはいえ、中枢神経のない牡蠣のよ

オックスファムの店。主に古着や古本などを売っている。「1947年12月設立のオックスファム1号店」と書かれたプレートがある。

うな二枚貝は痛みを感じることはないと考えてレストランではときどき食べていたそうだ。

また、飢餓救済については、第二次世界大戦中にオックスフォードで始まった民間の海外援助組織であるオックスファムに顔を出して資料を集めるようになり、二人の所得の1割をオックスファムに寄付するようになった。ここから今日「効果的利他主義（effective altruism）」として知られる飢餓救済に関するシンガーの援助義務論が出発するわけだが、それはまた別の機会に論じよう。[6]

◇

こうしてオックスフォードグループの一員となったシンガーは、工場畜産の問題を広く知らしめるために、オックスフォードの中心にあるセントマイケル教会のそばの場所を借り、狭い木の柵に閉じ込められた子牛や、卵を産む雌鶏用のバタリーケージの展示を仲間たちと一緒に行った。実際は、子牛はフェルトで作り、ニワトリは張り子作りのものであったが、通りがかった近眼の人がシンガーらに喰ってかかり、なぜニワトリをそのような小さなワイヤ作りの籠に閉じ込めるのかと怒鳴られたという。

また、オックスフォードグループの研究者たちは、*Animals, Men, and Morals*（1971）という、工場畜産および動物実験の倫理的問題を論じる共著書を出した。シンガーは寄稿していなかったが、この著作が新聞の書評でほとんど取り上げられなかったことを憂いた彼は、*The New York Review of Books* に「動物解放論（*Animal Liberation*）」というタイトルで書評論文を書くことにした。1973年に書かれたこの書評はかなりの注目を集め、シンガーは米国の同世代の哲学者ジェームズ・レイチェルズ（1941〜2003）から「あなたの議論に

コーンマーケット通りにあるセントマイケル教会の塔。塔は11世紀に建てられたもので，オックスフォードでは一番古い建物とのこと。

説得された」と記された手紙を受け取ったという。またこの書評がきっかけとなり、このテーマで単著を書かないかという誘いを出版社から受け、１９７５年に『動物解放論』を上梓した。[7]この本は最初の数年は鳴かず飛ばずだったが、１９８０年前後から米国で動物権利論が盛んになってペーパーバック版が出された頃からコンスタントに売れるようになり、２００９年の時点で世界で20ヶ国語以上に訳され、60万部以上売れているという。

オックスフォードグループのこうした活動もあり、動物福祉の問題は哲学的にも社会的にも盛んに議論されるようになった。また、動物福祉に加えて環境問題や健康志向の高まりなども手伝って、ベジタリアニズムも英米を中心に広がっていき、現在の英国では1割を超える成人がベジタリアンであり、今後も増える見込みだという。[8]

◇

シンガーはB.Phil.を修了後、１９７１年から2年ほどユニヴァーシティコレッジに残ってチューターをしていたが、その後1年ほどニューヨークで非常勤講師をしたあとにオーストラリアに戻った。それから2年間ほどラトローブ大学で教えたあと、１９７７年に30歳でモナシュ大学の哲学科主任教授に抜擢された。あとは歴史である、というか、オックスフォードとは関係がなくなるのでまた別の機会に。

注

［1］以下の記述は、下記の文献を参照した。Singer, Peter, "An Intellectual Autobiography," Jeffrey A. Schaler ed., *Peter Singer under Fire: The Moral Iconoclast Faces His Critics*, Open Court, 2009; Singer, Peter, "The Oxford Vegetarians - A Personal Account," *International Journal for the Study of Animal Problems*, Vol.3, No.1, 1982, pp.6-9; "What is it like to be a philosopher?" 2017, http://www.whatisitliketobeaphilosopher.com/#/peter-singer/

［2］Singer, Peter, *Hegel: A Very Short Introduction*, Oxford University Press, 2001.（初版は１９８３年。翻訳はピーター・シンガー著、島崎隆訳『ヘーゲル入門――精神の冒険』青木書店、１９９５年）

［3］この論文はのちに出版されている。Singer, Peter, *Democracy and Disobedience*, Clarendon Press, 1973.

［4］ケッシェンの短い自伝は以下のサイトで読める。http://cbucommons.ca/rkeshen/bio/ また、博士論文の口頭試問のさいにスチュアート・ハンプシャーが副査をしていたという話は **Chapter 21** を参照。

［5］シンガーを含め、オックスフォードグループに影響を与えたのは Ruth Harrison の *Animal Machines*（１９６４）という、英国における工場畜産の現状を告発した著作だった。最近出たオックスフォードグループに関する詳しい研究も参照。Garner, R. and Y. Okuleye, *The Oxford Group and the Emergence of Animal Rights: An Intellectual History*, Oxford University Press, 2020.

［6］ピーター・シンガー著、児玉聡監訳『飢えと豊かさと道徳』勁草書房、２０１８年の「解説」も参照。

［7］Singer, Peter, *Animal Liberation*, Harper Perennial Modern Classics, 2009.（初版は１９７５年。翻訳はピーター・シンガー著、戸田清訳『動物の解放 改訂版』人文書院、２０１１年。翻訳の初版は１９８８年）

［8］次のサイトを参照。https://trulyexperiences.com/blog/veganism-uk-statistics/ なお、ここで言うベジ

タリアンは牛肉や豚肉などの肉類を食べないという意味であり、その一部には（シンガーのように）まったく肉や乳製品を食べないヴィーガンや、魚は食べるペスカトリアンなども含まれる。

Chapter 29

ウィトゲンシュタインのオックスフォード

ルートヴィヒ・ウィトゲンシュタイン（1889〜1951）はオックスフォード大学とは直接関係がない。『ウィトゲンシュタインのウィーン』という本があるように、彼はオーストリア生まれで、哲学はケンブリッジ大学のラッセルやムーアの下で学んだ。[1] だが、いわゆる前期ウィトゲンシュタインが書いた『論理哲学論考』と、後期ウィトゲンシュタインが書き死後に出版された『哲学探究』は、これまでに取り上げたオックスフォード哲学者たちの多くに甚大な影響を与え、彼らの自伝や伝記の中でも、彼やその著作について愛憎入り交じる形で語られている。その意味で、ウィトゲンシュタインはオックスフォード哲学の影の主役である。

ケンブリッジ大学はオックスフォード大学から見て北東約130キロメートル先にあるが、現在は直通の電車が走っていないこともあり、近くて遠い大学である。オックスフォード大学と比べると哲学科のサイズは昔からずっと小さいものの、シジウィック、ラッセル、ムー

ケンブリッジ大学のトリニティコレッジの中庭。ウィトゲンシュタインが学生のときから所属していた。

ア、ウィトゲンシュタイン、ラムジーなど、とくに20世紀初頭において哲学の歴史を刷新するような哲学者を次々と輩出してきた。[2] ケンブリッジ大の哲学者の奇行については、次のサバティカルがあればそのときに詳しく書くつもりだが、やはりオックスフォード哲学におけるウィトゲンシュタインの影響を語らずに本書を終えることはできない。そこで、最後にオックスフォード哲学者たちの「ウィトゲンシュタイン体験」について見てみることにしたい。[3]

◇

まず、ライルとウィトゲンシュタインの関係について。[4] 1900年に生まれたライルより10歳ほど年上のウィトゲンシュタインは、ケンブリッジ大学で哲学を学んだあと、第一次世界大戦中はオーストリア・ハンガリー帝国軍の兵士として従軍し、その頃に書いた原稿が戦後に『論理哲学論考』（1922）として発表された。一方、第一次世界大戦直後のオックスフォード大学で哲学教育を受けたライルは、新しいケンブリッジ哲学の潮流にいち早く気づき、ラッセルやムーア、ウィトゲンシュタインなどの著作を読んで学んだ。それまでほとんどオックスフォードとケンブリッジの哲学者は交流がなかったが、ライルらの若手研究者は学術誌の『マインド』とアリストテレス学会の合同年次大会に顔を出すようになり、そこでムーアやウィトゲンシュタインと知り合ったという。『論理哲学論考』を読んでウィトゲンシュタインに憧れていたライルは、1929年の大会で実物と会って友人になった。

もっとも、友人といってもライルはウィトゲンシュタインとそこまで深い付き合いをすることはなく、またそれゆえに彼から絶縁されることもなかったようだ。ただ、西部劇やミュージカルなどのハリウッド映画が好きなことで有名なウィトゲンシュタインが、英国人に良い映画を作れるはずがないと主張していたのに対しては、ライルは真っ向から反論していた。[5]

また、ライル以降のオックスフォード哲学者たちはケンブリッジ大学に遠征して、モラルサイエンスクラブという哲学研究会で発表するようになったが、ライルはこの研究会におけるウィトゲンシュタイン崇拝を目の当たりにして、「教育的に悲惨な結果をもたらすだろう」と

ライルがどのような自動車を運転していたかは不明だが，オックスフォードにはかつて米国フォードと肩を並べるほど有名だったモーリスという自動車会社があり，20 年代頃から徐々に自動車が普及していった。創業者のウィリアム・モーリスは後にナフィールド子爵となり，オックスフォードにナフィールドコレッジを創設するとともにナフィールド財団を発足させた。写真はロングウォール通り沿いにある展示より。

感じたという。とくに問題だったのは、ウィトゲンシュタインに影響を受けた学生たちの間では、哲学史や他の哲学者の研究をする人は本当の哲学者ではないという雰囲気になっていたことであり、ライルが発表するさいにも、ウィトゲンシュタイン以外の哲学者の名前を出すと会場から野次が飛んだという。ライル自身はこのような経験を通じて、ある一人の哲学者の思想についてのみ研究するのではなく、多くの哲学者の思想を比較するようなスタイルの研究が重要であることを心に銘記したという。

◇

次に、エアとウィトゲンシュタインについて。[6] エアはチューターのライルから『論理哲学論考』を紹介され、学部生の終わり頃にジョウェット・ソサエティという、学内の哲学研究会で『論理哲学論考』の内容を論じた研究発表を行った。エアや他の人の記憶によれば、これがオックスフォード大学でウィトゲンシュタインに関する報告が行われた最初の研究会だったという。1932年のことなので、『論理哲学論考』が出てから約10年が経っていた。ちなみに、エアはこの発表の内容を『マインド』誌に投稿したが、独創性がないため不採用だったそうだ。ライルが学部卒業したてのエアを自動車でケンブリッジに連れて行ってくれたおかげで、エアも実物と会うことができた。ここでの経緯は省略するが、約20歳年上のウィトゲンシュタインはエアをいたく気に入り、エアが後にモラルサイエンスクラブで報告したときにも有益なコメントをくれたりしたそうだ。「エアの問題は、彼がいつでも賢いことだ」とウィトゲンシュタインが褒めていたのを、エアは人伝えで知ったとのことである。

しかし、戦後まもなく、エアはウィトゲンシュタインの逆鱗に触れることになる。エアは1946年にBBCラジオで現代英国哲学について話をする機会があり、その文章が翌年に*Polemic*という雑誌に掲載された。ウィトゲンシュタインが自分の思想を誤って紹介されることを極端に嫌っているのを知っていたエアは、ウィトゲンシュタインの哲学について言及するさいに、地雷を踏まないように気をつけていたという。

だが、地雷を踏まないで気をつけようと思えば思うほどつい地雷を踏んでしまうのが人間の性である。かくいうエアも、ウィトゲンシュタインの哲学と精神分析の類似性について語ったことで一つ目の地雷を踏み、また近年のウィトゲンシュタインの哲学を知りうる手掛かりとし

ジョウェット通り。ジョウェット・ソサエティという名前の由来でもあるジョウェット（Benjamin Jowett, 1817-1893）は，神学者でありプラトンの全対話篇の翻訳者としても有名。ベイリオルコレッジの学寮長も務めた。

て彼の弟子のジョン・ウィズダムの思想を紹介したことで二つ目の地雷を踏んでしまい、ウィトゲンシュタインから怒りの書留郵便を受け取るはめになった。その手紙には、エアは自分の最近の思想について知らないふりをしているが絶対に知っているはずであること、また仮にエアが自分から長年にわたって貴重な教えを受けたことを認めないとしても、自分の考えを誤解の生じる仕方で社会に広めるのではなく、何も語らないのが最低限の礼儀だと考えられること、の2点が記されていた。要するにウィトゲンシュタインについては語りえないのであり、語りえないものについてエアは沈黙しなければならなかったのだ。

その翌週、エアは再びケンブリッジ大学のモラルサイエンスクラブで発表した。ウィトゲンシュタインも話を聞きに来ていたが、エアが発表を終えると、ウィトゲンシュタインはジョン・ウィズダムに何かを囁いたあと、部屋からつかつかと退出してしまった（そして弟子のアンスコムがそのあとを追った）。それ以降、ウィトゲンシュタインはエアなんて名前も聞いたことがないと語っていたと人伝えに聞き、エアは非常に悲しかったという。

◇

後期ウィトゲンシュタイン（ウィトゲンシュタイン2号とも呼ばれる）が書いた『哲学探究』は1950年代初めまで公表されなかったが、ウィトゲンシュタインがケンブリッジでの講義内容を弟子たちに口述筆記させたいわゆる『青色本』は、バーリンによれば1937年にはオックスフォードでも出回っていた。[7] そのため、ライルやオースティンらのいわゆる日常言語学派が、どの程度後期ウィトゲンシュタインの思想の影響を受けていたかについて、現在まで議論になっている。[8] アンスコムのように、オースティンはウィトゲンシュタインの劣化コピーだと考える者もいた（⇒ Chapter 11）が、概してオックスフォードの哲学者たちは、ライルやオースティンが独自に自らの理論を発展させ、後期ウィトゲンシュタインと同じような言語観に辿り着いたと主張している。とりわけ、ウィトゲンシュタインの不明瞭な書き方が気に入らなかったオースティンは、ウィトゲンシュタインを「ヴィターズ」と省略して、「ヴィターズを好きな人もいるが、私はムーアが大好きだ（Some people like Witters, but Moore is my man.）」と、まるでCMのキャッチコピーのようなセリフを述べていたという。

このように個々の哲学者との影響関係の濃淡は議論になるとはいえ、『青色本』や『哲学探究』に見られる後期ウィトゲンシュタインの哲学がオックスフォード哲学全般に大きな影響を与えていたことは間違いない。たとえばハートは『青色本』のコピーが友人から回ってきて、「意味を尋ねるな、用法を尋ねよ」という考え方を学んだと述べているが、このフレーズはオックスフォードの日常言語学派のスローガンの一つであった。[9] また、『哲学探究』を徹夜で読んだハートは、翌日ジェフリー・ウォーノックに飛びつき、「一晩中起きてた！　一晩中起きてたよ！　ほかには何も考えられない」と興奮して言ったという。ハートは1907年生まれだから『哲学探究』を読んだのは40代半ばだったはずで、それを考えると味わい深い逸話である。ハートは、ずっと後年になってからも、『哲学探究』を「我々のバイブル」と表現していた。[10]

◇

長くなってきたので、今回はこのぐらいにして、次章はウィトゲンシュタインが実際にオックスフォードにやってきたときの話をしよう。

注

[1] Janik, Allan and Stephen Toulmin, *Wittgenstein's Vienna*, Simon and Schuster, 1973.（翻訳、S・トゥールミン／A・ジャニク著、藤村龍雄訳『ウィトゲンシュタインのウィーン』平凡社、２００１年）

[2] ケンブリッジ哲学の歴史については、次の論文がおもしろい。Broad, C. D., "The Local Historical Background of Contemporary Cambridge Philosophy," C. A. Mace ed., *British Philosophy in the Mid-Century: A Cambridge Symposium*, George Allen & Unwin, 1957.

[3] 戦後のオックスフォード哲学に対するウィトゲンシュタインの影響については、ウィトゲンシュタイン研究者のハッカーの文献が詳しい。Hacker, P. M. S., *Wittgenstein's Place in Twentieth-Century Analytic Philosophy*, Blackwell, 1996.

[4] 以下の記述は、主に次の文献より。Ryle, Gilbert, "Autobiographical," Oscar P. Wood and George Pitcher eds., *Ryle*, Macmillan, 1970.

[5] Ayer, A. J., *Part of My Life*, William Collins Sons & Co., 1977, pp.119-120.

[6] 以下の記述は、主に次の文献より。Ayer, A. J., *Part of My Life*; Honderich, Ted, "An Interview with A. J. Ayer," *Royal Institute of Philosophy Supplement*, Vol.30, 1991, pp.209-226.

[7] Berlin, Isaiah, "Austin and the Early Beginnings of Oxford Philosophy," *Essays on J. L. Austin*, Clarendon Press, 1973.

[8] 次の論文に詳しい。Harris, Daniel W. and Elmar Unnsteinsson, "Wittgenstein's Influence on Austin's Philosophy of Language," *British Journal for the History of Philosophy*, Vol.26, No.2, 2018, pp.371-395.

[9] Sugarman, David and H. L. A. Hart, "Hart Interviewed: H. L. A. Hart in Conversation with David Sugarman," *Journal of Law and Society*, Vol.32, No.2, 2005, pp.267-293; Rée, Jonathan, "English

Philosophy in the Fifties," *Radical Philosophy*, Vol.65, 1993.
［10］Lacey, Nicola, *A Life of H. L. A. Hart: The Nightmare and the Noble Dream*, Oxford University Press, 2004.
（翻訳、ニコラ・レイシー著、中山竜一／森村進／森村たまき訳『法哲学者Ｈ・Ｌ・Ａ・ハートの生涯——悪夢、そして高貴な夢 上・下』岩波書店、２０２１年）

Chapter 30

オックスフォードのウィトゲンシュタイン

ウィトゲンシュタインは少なくとも二度オックスフォードを訪れている。一度目はジョウェット・ソサエティで発表をするため、二度目はアンスコムの家に滞在するためである。哲学史的にも重要なのは前者なので、やや詳しく説明しよう。

◇

前章で説明したが、ジョウェット・ソサエティは現在も続くオックスフォード大学の哲学研究会である。[1] 1947年5月、当時ケンブリッジ大学の哲学教授であったウィトゲンシュタインは、この研究会で発表するためにオックスフォードにやってきた。このとき、研究会はモードレンコレッジで夕刻に開催されたという。[2]

発表は引き受けたものの、ウィトゲンシュタインは自分の研究を発表するのではなく、学生の報告を受けてその場でコメントをするという形式を望んだ。そのため、学部生で研究会の幹

モードレンタワー。

事を務めていたオスカー・ウッドという学生が、デカルトのコギトの論証（我思う、ゆえに我有り）について報告することになった。

当日のセミナー室は満員御礼で、ウィトゲンシュタインを連れてきたアンスコムは席がないので彼の足元に座っていた。まだ学部生だったヘアやマリー・ウォーノックもいた。ウォーノックはフットを見かけ、彼女が他の女性と違って手作りではない良い服を着ており、また、当時は高価だったストッキングをはいていたと記している。

また、ライルやバーリンやオースティンなど、哲学科の教授やフェローもほぼ全員が来ていた。彼らの前で発表し、しかも発表後にウィトゲンシュタイン教授からコメントを受ける予定だった学生ウッド君の心中は、控え目にいっても穏やかでなかったに違いない。私だったら発表中に泡を吹いて卒倒していたか、途中で腹を下してトイレに駆け込んだまま部屋に戻らなかっただろう。想像しただけでも失禁を禁じえない。

私のことはともかく、優秀なウッド君は無事に報告を終え、次にウィトゲンシュタインがコメントを始めた。新約聖書と同様、ここからはいくつかのバージョンがあるため、以下ではそれらを総合して再現してみよう。

ウィトゲンシュタインは「ウッド氏は二つの指摘をしたように思われる」と不機嫌そうに述べたあと、ウッド君の報告の内容は放り出し、自分流の仕方で「コギト」が何を意味しうるかについて議論をし始めた（ウォーノック伝）。その場にいたミジリーによると、最初の5分ほどは重要なことを言っているように思えたが、そのうち言葉に詰まり始めて、「いやいや、そうではなく……何と言えばよいのか……ここで難しい問題は……いやいや、これではだめだ」などと手で頭を抱えたり頭を叩いたりし出したという（ミジリー伝）。

その中で彼は「ある人が空を見ながら私に対して、『私は雨が降ると思うがゆえに、私は存在する』と言ったら、私は彼のことを理解しないだろう」と述べた。するとそこで高齢のH・A・プリチャードがしびれを切らして発言した。「あなたのお話はよくわかった。しかし、私が知りたいのは、コギトが妥当な議論なのかどうかです」（ウォーノック伝）。

ここで急いで補足しておくと、プリチャード（H. A. Prichard, 1871〜1947）はオックスフォード大学の哲学者である。ムーアやW・D・ロスと並んで直観主義者として位置づけられ、「道徳哲学は誤解に基づくか」（1912）という有名な論文がある。[3] ハートフォードコレッジやトリニティコレッジでフェローをしたのち、体調を崩して一度退職したが、その後1

ウィトゲンシュタインも通ったであろうモードレンコレッジ内の回廊。

927年から10年間、ホワイト道徳哲学教授を務めた。1871年生まれで、基本的に第二次世界大戦前に活躍した人物である。約束についてのプリチャードの議論がオースティンの言語行為論に影響を与えたとされる一方、ヘアは戦前に出た彼の講義が理解不能だったと述べている。[4]

さて、このときすでに75歳であったプリチャードについては、耳は遠いし咳はひどいし声は甲高いしと、散々な書き方がされているが、とにかくウィトゲンシュタインに何度も果敢に喰ってかかったようだ。しまいにプリチャードはウィトゲンシュタインの名前も間違って次のように発言したという。

「ウィットゲンシュティーン君、ウィットゲンシュティーン君、君は『我思う、ゆえに我有り』と言ったデカルトは正しかったのかという問題に答えていないでしょう。まだ答えていないでしょう。我思う、ゆえに我有り！　これは正しいのですか？」

この質問を聞いたウィトゲンシュタインはついにブチ切れて、冷やかな口調で次のように答えた。

「ここにいるのは非常に愚かな老人だと私は思う、ゆえに私は何だと言うのか？（I think this is a very foolish old man, therefore I am what?)」（ハッカー伝[5]）

この発言を失礼で許されないものと受け止めるか、あるいは正当な応答だと考えるか。そこにいた聴衆の意見は二分したそうだが、当のプリチャードは激怒した。そして彼は、「デカルトが関心を持っていたことは、今回君が扱ったいかなる問題よりもはるかに重要なことだ」と言い残して、よろよろと会場を出ていった（ウォーノック伝）。ウィトゲンシュタインは引き続き議論を続けたが、話が終わらなかったので翌日の午後も研究会が行われたという（ミジリー伝）。

セントジョン通り。引退後のパーフィットもこの通りに住んでいた。

ウォーノックによれば、これがプリチャードの最後の外出であり、その後、彼は1週間も経たずに亡くなった。……とのことだが、実際のところ、プリチャードが亡くなったのはこの年の年末のことなので、物語はそこまで劇的な展開とはならなかったようだ。しかしいずれにせよ、この出来事はオックスフォード哲学における世代交代、すなわち哲学史を重視する伝統的な研究スタイルから、（ウィトゲンシュタインほどではないにせよ）哲学史を重視しない分析哲学へと切り替わる潮目の出来事として後世の記憶に残ることになった。

一方のウィトゲンシュタインも、この年一杯でケンブリッジの教授職を辞めている。著作の執筆に専念するためだったようだが、以前からウィトゲンシュタインは、「普通の人間は大学の教員でありかつ誠実で真剣な人間であることはできない」と弟子のノーマン・マルコムに忠告していたそうなので、アカデミックな生活を嫌っていたものと思われる。だが、その2年後の1949年の冬には、前立腺がんと診断されることになる。[6] 60歳のときだった。

◇

大学を辞めたあとのウィトゲンシュタインは各地を転々としていたが、友人宅に居候することも多かった。そのうちの一人が弟子のアンスコムで、ウィトゲンシュタインは1950年の4月から翌年の1月頃まで、オックスフォードのアンスコム家に滞在していた。

セントジョン通りにあるアンスコム家にはほかにも下宿人がいたため、ウィトゲンシュタインはうるさくも静かでもない環境で暮らしていたようだ。[7] 彼はノーマン・マルコムへの手紙の中で、オックスフォード大学について「哲学的砂漠だ」と述べたり、学生と話したければ話せる環境にあるがそうしたいと思わないと述べたりして、哲学的にはあまり実りのない時期にあった。夏は5週間ほど友人とノルウェーに行き、その後もノルウェーに住んで研究を続けたいと思っていたが、体調が悪化して叶わなくなったという。

この当時、アンスコムにチュートリアルを受けていたマイケル・ダメットの逸話をティモシー・ウィリアムソンが記している。ダメットはオックスフォードのウィカム論理学教授を務めた哲学者で、ウィリアムソンはその弟子で現ウィカム論理学教授であり、その彼がダメットから聞いた話とのことである。[8]

1925年生まれのダメットが25歳ぐらいのとき、アンスコムの家にチュートリアルを受けに行った。彼女はいつもながら玄関の鍵をかけていなかったので、ダメットは勝手に中に入って呼ばれるのを待っていた。すると、バスローブを着た年老いた男が階段を降りてきて、「牛乳はどこだ?」と尋ねた。ダメットは「私に聞かないでください」と答えた。それがダメットがウィトゲンシュタインと交わした唯一の会話だったという。え、オチはどこ? と読み返しても、オチはない。こんなどうでもよい会話が逸話として語り継がれているところがウィトゲンシュタインのすごいところだろう。

ウィトゲンシュタインは次第に体調が悪くなったが、英国の病院でだけは死にたくないと考えていた。幸い、主治医が自宅で看取ってくれることになったので、彼は年が明けてからケンブリッジに戻り、主治医の家に居候することになった。しばらく小康状態にあったが、1951年4月29日に、アンスコムら4人の弟子たちに囲まれ、息を引き取った。ウィトゲンシュタインはその前日に意識を失ったため、その日に到着した弟子たちと話をすることは叶わなかったようだが、意識を失う前に主治医の妻に伝言を残していた。よく知られているように、それは「私はすばらしい人生を過ごしたとみんなに伝えてくれ」であった。

サウスパークから見たDreaming Spires（夢見る尖塔）として知られるオックスフォード大学の遠景。

◇

こうして50年代初頭に死んだウィトゲンシュタインはオックスフォード大学を「哲学的砂漠」と形容したものの、すでに見たように、このあとの約10年にわたり、オックスフォード哲学は黄金期を迎えることになる。[9] 本書はこれで終わることにするが、本書でライルやオースティンなど個々の哲学者に関心を持った人は、ぜひ自らオックスフォード哲学について調べてみてほしい。また、今回取り上げられなかった哲学者も多くいるので、それも合わせて調べてもらえたらと思う。[10]

サバティカル中に始めた本書の執筆だが、帰国してから書いた章のほうが多くなってしまった。これまでに紹介した哲学者たちの生き方や人間模様が読者の哲学理解に少しでも役に立ったのなら望外の喜びであるし、彼ら・彼女らの風変わりなエピソードが読者の気晴らしになっただけでもやはり喜ばしいことである。執筆を終えて肩の荷が少し軽くなった私は、先のサバティカルを可能にしてくれた関係各位に感謝しつつ、また次のサバティカルを首を長くして待ちつつ、京都で研究を続けることにしたい。

注

［1］https://www.philosophy.ox.ac.uk/the-philosophical-society-/-jowett-society#/

［2］以下の話は、下記の文献に基づく。Warnock, Mary, *A Memoir*, Gerald Duckworth & Co., 2000; Monk, Ray, *Ludwig Wittgenstein: The Duty of Genius*, Vintage, 1991; Midgley, Mary, *The Owl of Minerva: A Memoir*, Routledge, 2005; Lacey, Nicola, *A Life of H. L. A. Hart: The Nightmare and the Noble Dream*, Oxford University Press, 2004.（翻訳、ニコラ・レイシー著、中山竜一／森村進／森村たまき訳『法哲学者H・L・A・ハートの生涯――悪夢、そして高貴な夢 上・下』岩波書店、２０２１年）最近出版された以下の本にもこの研究会の当日の様子が詳しく書かれていて参考になる。Cumhaill, C. Mac and R. Wiseman, *Metaphysical Animals: How Four Women Brought Philosophy Back to Life*, Doubleday, 2022.

［3］Prichard, H. A., "Does Moral Philosophy Rest on a Mistake?" *Mind*, Vol.21, No.81, 1912, pp.21-37. この論文は、死後に出された以下の論文集に収録されている。Prichard, H. A., *Moral Obligation: Essays and Lectures*, Clarendon Press, 1949.

［4］Harris, Daniel W. and Elmar Unnsteinsson, "Wittgenstein's Influence on Austin's Philosophy of Language," *British Journal for the History of Philosophy*, Vol.26, No.2, 2018, 388 n15; Hare, R. M., "A Philosophical Autobiography," *Utilitas*, Vol.14, No.3, 2002; Ayer, A. J., *Philosophy in the Twentieth Century*, Vintage Books, 1984.

［5］ハッカー伝は次の文献より。Lacey, Nicola, *op. cit.* なお、１９３９年生まれのピーター・ハッカー自身はその場におらず、その場にいたアームソンとハートから聞いたそうだ。下記も参照。Dancy, Jonathan, "Harold Arthur Prichard," Edward N. Zalta ed., *The Stanford Encyclopedia of Philosophy*,

Spring 2018 Edition, https://plato.stanford.edu/archives/spr2018/entries/prichard/

［6］ Malcolm, Norman and G. H. von Wright, *Ludwig Wittgenstein: A Memoir*, 2nd ed., Oxford University Press, 1984.（翻訳、ノーマン・マルコム著、板坂元訳『ウィトゲンシュタイン――天才哲学者の思い出』平凡社、１９９８年）

［7］ Monk, Ray, *Ludwig Wittgenstein: The Duty of Genius*, Vintage, 1991.（翻訳、レイ・モンク著、岡田雅勝訳『ウィトゲンシュタイン――天才の責務 １・２』みすず書房、１９９４年）

［8］ Williamson, Timothy, "How Did We Get Here from There? The Transformation of Analytic Philosophy," *Belgrade Philosophical Annual*, No.27, 2014, pp.7-37.

［9］ 本書ですでに何度か引用したが、詳しくはJonathan Rée, Mehta, Searleなど。

［10］ アイザイア・バーリンは国内に研究者も多いので省略したが、マイケル・イグナティエフによる彼の伝記は翻訳がなされている（Ignatieff, Michael, *Isaiah Berlin: A Life*, Chatto & Windus, 1998.（翻訳、マイケル・イグナティエフ著、石塚雅彦／藤田雄二訳『アイザイア・バーリン』みすず書房、２００４年））。また、モノマネ好きのジェリー・コーエンの最終講義は翻訳されていないが、傑作なので一読を勧める（次の著作に所収。Cohen, G. A. and Michael Otsuka, *Finding Oneself in the Other*, Princeton University Press, 2012）。あまり音質はよくないが、録音ではコーエンのモノマネに聴衆が大笑いしている様子を聴くことができる。https://soundcloud.com/user-671277267/g-a-cohens-valedictory-lecture

こぼればなし㉓

ロワイヨモンの決戦

欧米の哲学については、今日でも英米の分析哲学と（英国以外の）欧州の大陸哲学の対立が言われるところであるが、この対立が決定的になった場と言われるのが、1958年3月にパリ近郊のロワイヨモン（Royaumont）にある元修道院で行われた国際会議である。「分析哲学（La Philosophie Analytique）」と題されたこの国際会議について、まだ若手研究者だったため報告者としてではなく参加者として会議に出席していたジョン・サールの記述に主に依拠して、以下で簡単に描写してみよう。[*1]

サールによれば、この国際会議は英米圏の哲学とフランス哲学の対決と相互交流を目的に行われたものので、当時はこのような一つのテーマで特別に国際会議が開かれるのは珍しいことだった。基本的には報告者は分析哲学を代表する者たちであり、それに対して大陸哲学（といっても基本的にフランスの哲学者たち）が質問をするという形式だった。分析哲学側からは、ライルを筆頭に、オースティン、アームソン、ヘア、ストローソン、ウィリアムズなどのオックスフォード大学の報告者が多かったが、米国からはハーバード大学のクワインも報告者として招かれていた。そのほかに、「大陸」にいる論理学者たちも分析哲学側として報告していた。エアも来ていたが、報告者ではなかった。それ以外にも、若きチャールズ・テイラーなども参加者として名を連ねていた。大陸哲学側には、この国際会議を企画したジャン・ヴァールや、エリック・ヴェイユ、メルロ＝ポンティなどがいた。

さて、サールの記述がおもしろいのはここからだが、まずサールはライルの態度がひどかったと述懐している。ライルは「心の哲学 対 現象学」という報告を行ったが、その中でフッサールの最大の問題は、オックスフォードの哲学者たちがそれぞれのコレッジで毎晩同僚の科学者たちと夕食を共にして今日言うところの学際的な交流をしているのに対して、彼には科学者との交流がなかったことだと述べた。[*2] すると、ライルの報告の終了後、ベルギーのルーバンにあるフッサール文庫の創設者であるファン・ブレダ神父が怒り狂って、フッサールは当時の最良の科学者や数学者たちと交流していたという趣旨のことを述べて、実際に手紙でのやりとりをしていた思想家たちのリストを示した。その怒りの発言に対してライルは、ぶっきらぼうに「私がフッサールについて述べたことは冗談であり、正しかろうとそうでなかろうとどうでもよい」と述べ、会場のフランス人研究者たちのさらなる怒りを買ったという。

サールが閉会後にフランス人研究者たちの意見を伺ってみたところ、報告を行った英米圏の哲学者の中でフランス人たちが優秀だと思ったのはオースティンとウィリアムズだけであった。オースティンはその後フランスでも有名になった「行為遂行的／事実確認的（Perfomatif/Constatif）」と題された報告を行った。このconstatif（英語ではconstative）をはじめ、オースティンは日本語でも訳しにくい言葉をいろいろ造語して用いているが、サールによれば、会場にいた通訳者も通訳に困って、「元の英語の論文ではどのような言葉を使っているのですか」とオースティンに尋ねたところ、彼はつっけんどんに、「私はこの論文をフランス語で書いた」と答えたという。ウィリアムズはデカルトのコギトに関する報告を行い、フランス人研究者たちはウィリアムズの学識とデカルト理解に舌を巻いたそうだ。このように、この二人は高い評価を得たものの、サールによれば、残りの英米圏の報告者たちは、アグレガシオン（フランスの国家教員資格試験）の試験問題への解答のレベルだとあるフランス人は述べていたという。

また、サールが70歳前後のジャン・ヴァールと話し込んでいると、オースティンがやってきて、「年寄りと話して時間を無駄にするな。若者と話せ！」と耳打ちした。サールはこれに腹を立てたという。彼の考えでは、オースティンはこの国際会議に来た目的を、純粋に哲学の議論をする場ではなく、フランス人たちをオックスフォード哲学へ「転向」させることだと考えていたのに対し、サール自身は、ジャン・ヴァールを転向させたいわけではなく、純粋に哲学の議論をしたかったのだ。

サールの回顧はここまでである。オックスフォード哲学の黄金期に行われたこの国際会議は、分析哲学と大陸哲学の溝をかえって深めただけで失敗だったと歴史的には位置づけられている。この国際会議のプロシーディングズ（会議録）がフランスで1962年に公表されたとき、序文を書いたレスリー・ベックが、メルロ＝ポンティとライルの間で次のようなやりとりがあったと記している。

「メルロ＝ポンティが『我々〔分析哲学と大陸哲学〕の研究プログラムは同じではないでしょうか？』と質問したさい、それに対する〔ライルの〕応答は確固として明確なものであった。『そうでないことを願います。』」

このやりとりは、分析哲学と大陸哲学の断絶が決定的になった瞬間と位置づけられてきたが、現在では、このベックの記述は不正確だということになっている。[*3] とはいえ、この国際会議によって、分析哲学と大陸哲学の共通点よりも違いが強調される結果になったことは間違いない。その場に参加していた石黒ひでが後に述べたように、英国の哲学者たちの中にはウィトゲンシュタインやポパーなど、大陸から来た哲学者たちも数多くいるけれども「思索の方法と技術に共通点を持つ為に」議論が可能なのに対して、メルロ＝ポンティとライルの対話は、「両者の関心のみか考えや結論が意外に似ているにもかかわらず、まるで喰い違って（……）珍妙なおかしさはあったけれども、全く非生産的なものだった。その時、討論方法に共通点を持つことが如何に重要か、考えさせられたものである」。[*4] この思索の方法というのがチュートリアルを中心とした教育によって培われていることはすでに述べたが、オックスフォードやケンブリッジ流のチュートリアル教育をすると、それ以外の教育を受けた人々と対話が成り立たなくなるとすれば、それも困った話だろう。どのような哲学教育が理想なのかというのは今日の我々の課題でもある。

*1 Searle, J. R., "Oxford Philosophy in the 1950s," *Philosophy*, Vol.90, No.2, 2015, pp.173-193. この国際会議について、出席者や内容に関するより詳細な説明は、以下の文献を参照。Marion, Mathieu, "Was Royaumont merely a *dialogue de sourds?* An Introduction to the *discussion générale*," *Philosophical Inquiries*, Vol.6, No.1, 2018, pp.197-213; Vrahimis, Andreas, *Encounters between analytic and continental philosophy*, Palgrave Macmillan, 2013, ch.4.

*2 サールが言及しているライルの文章の該当箇所は以下。Ryle, Gilbert, "Phenomenology versus 'The Concept of Mind'," *Collected Papers Volume 1: Critical Essays*, Routledge, 2009, p.189.

*3 前出のMarionやVrahimisを参照。簡単に言えば、ライルの答えはまったく別の質問に対する答えだったようだ。

*4 石黒英子「英国哲学界の動向」『岩波講座 哲学』月報2、1970年、3〜4頁。

Side Story

英国にサバティカルに行く人のために

2019年4月から1年間英国オックスフォードに滞在したときの記録。これからサバティカルや留学に行く人の役に立てば幸いです。ただし、ここにある情報が古くなっている可能性もあるので、各自で確認をお願いします。

なお、ほとんどの手続きは私よりも賢明な妻が率先してやってくれたことを感謝を込めて記しておきます。

行く前の準備

ビザ取得

3ヶ月以上滞在する場合は、ビザを取る必要がある（受け入れ先の大学から給与をもらわない研究者はstandard visitor visa)。２０１９年４月から行くのに２０１８年冬から作業を始めて１月に申請した。ビザを取得するには銀行で英文での残高証明を作ってもらったり、先方の研究機関からインビテーションレターを作ってもらったりする必要がある。また、東京か大阪でしかビザは発行してもらえないので注意（ミスをすると何度も行く必要が生じる)。英国は業者を使ってビザ発行をしており、結構お金を取られる。さらに、お金を余計に払えばビザを通常よりも早く発行してくれたり、郵送してくれたりするなどのあこぎなサービスもある。

なお、作ってもらったビザはパスポートに掲載されるが、最初の１ヶ月の滞在しか保証されておらず、渡英後に指定された郵便局で滞在証明カード（residence permit）を受け取る必要がある。このカードは重要なカードで、渡英中に海外旅行をした場合に、再度英国に入国するさいなどに必要とされるときがあるので注意。

旅行保険

ＮＨＳ（英国の保健医療サービス）はacademic visitorは無料で治療してくれなくなったため、きちんと医療保険に入っておく必要がある。私の場合は、最近、本務校が学部単位で旅行保険会社と包括的契約をしたので、それに入った。保険料は研究費で支払いができるようだ。

日本の銀行からの送金

あまり準備して行かなかったが、実は用意周到に準備する必要あり。日々の生活はクレジットカードで大丈夫だが、不動産屋に払うお金など、まとまったお金を支払うのが以前より難しくなっている。私の場合、不動産はこちらに来てから決めたが、英国で銀行口座を開くには自宅住所が必要で、自宅を確保するには銀行口座から振り込まないといけないというCatch-22的な難問が生じるので、最悪の場合、親族に海外送金を頼む準備などをしておく必要がある。現在はMonzoというオンライン銀行口座をものすごく簡単に開けるが、海外送金は受け付けていないため、何か別の手段を探す必要がある。

なお、サバティカル中の税金対策として、住民票を抜くなどの手段があるが、住民票を抜くとマイナンバーカードを役所に返す必要がある。これが上記の海外送金の手続きの障害になる可能性があるので、先に海外送金の準備を終えておく必要がある（日本からの送金はすべて、送金する人のマイナンバーカードに紐付けられるため）。資金洗浄など悪いことをする人がいるために大勢の人が苦労する一例。

クレジットカード

英国はクレジットカード社会なので、必ず1枚は持って行く必要がある。できればコンタクトレス決済ができるものを1枚持っていると便利。Apple PayやGoogle Payに対応しているところも多い。個人的にはApple Watchを用いたApple Payがバスに乗るときなどに便利だった。

住む場所の確保

英国到着後、当面住むところの確保。オックスフォードはホテルが高いので、ショートレット（short let）のウィークリーマンション的なところを事前に2週間確保した。

知り合いの某氏は英国に行く前に1年間住む場所を決めたそうだ。そのほうが行ったあとの手続き（子どもの小学校入学など）が早くすむが、土地勘がないと少しリスクがあるかもしれない。

行ってからしたこと

空港

以前の経験から、ヒースロー空港を使うとイミグレなどで時間がかかって不愉快な思いをする可能性が高いと思ったので、より小さなロンドンガトウィック空港から英国入りした（キャセイを使った)。早朝に到着したこともあり、混んでなくてよかった。ただ、2019年春からヒースローの入国管理は自動化したので劇的に速くなったそうだ(ただし、初回入国時はビザ手続きがあるため、自動化ゲートは通れない)。

なお、オックスフォードからはバーミンガム国際空港も比較的近くて便利。空港使用料が違うのか、ヒースロー発着よりも安い便もあるようだ。

部屋探し

上述のように最初の2週間はウィークリーマンション的なところで滞在し、その間に不動産を探した。事前にオンラインで不動産屋に連絡を取っていたが、下見の日程は現地に来てからメールで相談して決めた。不動産はright moveというサイトを中心に調べた。なお、オックスフォードに限らずイングランドでは洪水が結構あるので部屋を借りる前に洪水の可能性がないかウェブで調べておいたほうがよいかもしれない。

また、1年分のカウンシルタックス(住民税)は結構な額になるので注意。私の場合は家賃の約1か月分だった。あと、家を借りるさいのデポジット(保証金)は不動産屋の口座に振り込む必要があったが、家賃はクレジットカードで支払うことができた。

登録したカウリーの NHS 病院。結局一度もお世話にならず。

1 年間娘が世話になった小学校。

小学校の手続き

住所が決まってからネットを使ってシティカウンシルに希望する小学校を申し込んだ。学校はOFSTEDという英国統一の学校評価があるので、それで評判などがわかるようになっている。申し込んで2週間以上経っても音沙汰がないので希望する小学校にメールで連絡を入れると、どうもシティカウンシルはさっさと手続きを進めていたようだが小学校のほうでメールチェックを怠っていたとかで、催促したらすぐに入れた。文句を言わないと話が進まないという、英国らしいエピソード。

NHSの手続き

近くのNHSに登録に行く必要がある。子どもがいる場合は学校から手続きをするように要請がある。オックスフォードの学生の場合はコレッジ等から話が行くようだ。私の場合は、パスポートを持って登録のお願いに行くと、手続きをしてくれた。たくさん書類を手書きで書かされたが、最終的には私は以前留学していたときのＮＨＳの記録が残っていたようだ。

インターネット環境

スマホのＳＩＭカード

日本からＳＩＭフリーのスマホを持って行くのが吉。イギリス設定のアカウントを作るために英国で安い Android も一つ購入した（そうしないと、支払い用のアプリなどがダウンロードできないため）。ＳＩＭカードは月決めで契約不要の giffgaff。現在は月10ポンドで６ＧＢのを使っている（最初は３ＧＢだったが途中から２倍になった）。ただし、giffgaff はＯ２系列なので、少しネットワーク網は弱いそうだ。オックスフォードでは困らないが、ロンドンの地下鉄はＥＥ系列しか受信できないとのこと（ただし、地下鉄では my giffgaff というアプリから設定することで Wifi Extra というサービスを無料で使うことができる）。また、国内、国際電話もかけられる。

自宅のネットワーク環境

オックスフォードはまだ完全には光ファイバーは通っておらず、ケーブル（SkyTV）もあるが高い。そこで TalkTalk のＡＤＳＬにした。この会社だと日本のＮＴＴに当たるＢＴの電話回線を開く必要がないため、比較的安い（月17ポンドほど）。ADSLなのでスピードは知れているが、そこまで困らない。最初にもらったルータは故障していたので新しいもの（新しいバージョンのルータ）に交換してもらった。

フリーのメトロ。タブロイド的だが日々のニュースを知るには必要十分。

テレビ、ラジオなど

テレビは見ないと思ったので入手せず。入手した場合はBBCの契約料を払う必要がある。契約していないと、ネット（BBC Newsや iPlayer）などでBBCの動画を見ることも原則禁止となっている。

ただ、大学に在籍していれば、Learning on Screenというオンデマンドのサイトにアクセスすることで、ほとんどのテレビ番組にアクセスできる。また、Britboxというサブスクも2019年11月から始まったので、テレビがなくてもおそらくは何とかなるだろう。

ラジオはBBC iPlayer RadioというアプリからBBC Soundsというアプリの移行期だったが、後者は慣れると大変使いやすい。アプリはイギリス設定のスマホでないとダウンロードできないが、ウェブからもアクセスできる（２０２０年10月ごろから地域を日本に設定したスマホでも使用可能になった）。個人的には BBC Radio Oxford というローカルなラジオ局の情報が役に立った。

新聞はロンドンなら METRO と Evening Standard が駅前などで無料で入手できる。オックスフォードでも駅前やバス内で METRO が手に入る。

電気・ガス・水道

電気は普通に使っていたらしばらくして支払いに関する手紙が来た。ただし、電力自由化が進んでいるため、不動産屋で家の契約をするときに、電力会社との契約に関する助言をくれる会社を紹介してくれる。この会社は私の場合は1ヶ月以上経ったあとに電話が来た（しかもインド英語なので非常にわかりにくかった）。それでデフォルトの会社から Bulb という会社に変更した。ただ、上記の電話をしてくれた会社に私のメールアドレスを間違って伝えたため、変更の時期がさらに遅れた。私の場合は家にガスがなかったが、おそらくガスについても同じようにできる。また、水道に関してはとくに変更せず。

なお、水は硬質で、紅茶がおいしい一方、ライムスケール（石灰による湯垢）がシャワーヘッドや洗濯機や食洗機などに溜まっていくので、ライムスケールリムーバー（スプレーやタブレット）を購入してときどき掃除する必要がある。これはきちんとやっておかないと借主の責任になるようなので注意。

電力については、こちらは電圧が240ボルトだが、最近は電圧変換に困ることはあまりないと思う。コンセントの形状が違うので注意。私は友人にいくつか変換プラグをもらって重宝した。日本から4口などの電源タップを持って行くと便利だが、電源タップが240ボルトに対応しているかを確認しないと煙が出ることになるので注意。

掛布団、タオルなど

家は家具付きの家を借りたが、当然ながらリネン類はない。そのため、シーツやバスタオルなどはさっさと購入する必要がある。私の場合は知り合いの人にお古のシーツやバスタオルなどを譲ってもらったので結構助かったが、そのほか必要なものはマークスアンドスペンサーなどで入手した。

チャリティショップ

英国は日本の古道具屋に当たるチャリティショップがそこら中にある。その代表はオックスファムだが（⇒**Chapter 28**）、ほかにもAge UKやBritish Heart Associationやホスピス系のチャリティショップなどがいろいろある。ここに行けば、古本や古着だけでなく、皿やコップなどの生活用品がかなり安く手に入る場合がある。どうせ長くは住まないので、こういうチャリティショップで買って、帰国するときはまた寄付するのがよいだろう。

スーパー、日本食など

TESCO、Sainsbury'sは至るところにある。セルフチェックアウトが便利。買い物袋は基本的に有料のため、カバンにはいつも布の買い物袋を一つ二つ入れておくとよい。大きめのスーパーには醤油やインスタントラーメンなど、日本およびアジア系の食材も結構売っている。

ソウルプラザ。かなりお世話になりました。

　オックスフォードにはSEOUL PLAZAという韓国系の食材店があり、少し高いが日本食も結構置いてある。これはレディングそのほかにもあり、経営母体はKorea Foodsという企業。ほかにも中国系の食材店が市内にいくつかある。また、ウェストゲートという大きなショッピングモールが数年前にリニューアルオープンしたが、その中に昇竜という日本のラーメン屋がある。少し高いがそれなりに食べることができる（ベジタリアンラーメンもある）。ユニクロもある。

ほかに、オックスフォード市内には、Debenham's、Boswell's、John Lewis、Marks and Spencerなどの百貨店がある（ただしBoswell'sは閉鎖。Debenham'sも倒産して閉鎖）。書店はブロードストリートにあるBlackwell'sが有名で、地下の哲学系のコーナーも充実している（別のセクションに古本もある）。古本は、古本だけを売るオックスファムが市内に二つある。

なお、ロンドンにはJapan Centreという日本の食材やお菓子、グッズを売っている店がいくつかある。ただしお菓子などは結構な値段。Eat Tokyoという居酒屋も何軒かあるが、値段は比較的良心的（そのため、混んでいる）。ちなみに、ロンドンにあった三越は２０１３年に閉店した。

旅行・乗り物について

市バス・タクシーなど

市バスはオックスフォード市内の店舗などでバスカード（回数券、定期券など）を買うことができるが、Apple PayやGoogle Pay、コンタクトレスカードなどでの支払いが便利。乗車時に行き先とSingle/Returnの別を伝えればよい。私の場合はシティセンターに行くのにHigh Streetと伝えていた。

また、オックスフォード市内では現時点ではUberは使えないようだが、市バスが通っていないルートを中心に、PickMeUpという乗合タクシー的なバスを予約して乗ることができる。PickMeUpというアプリでクレジットカードなどの登録をすれば使える。

なお、ロンドンの市バスは、地下鉄でも使えるオイスターカードで乗れるが、Apple Payやコンタクトレスカードなどにも対応している。

mobike。よく乗り捨ててあった。

バスで片道のチケットを買うときはsingle ticket、往復の場合はreturn ticketと伝える。return ticketは「復路のチケット」という意味ではなく、「往復のチケット」という意味なので注意。

レンタル自転車

英国ではmobikeなどのレンタル自転車がある。オックスフォード市内ではmobikeが多いようで、数十分単位で自転車をレンタルすることができる。mobikeというアプリでクレジットカードなどの登録をすれば使えるようになる。ヘルメットは必要なく、基本的に市内の好きなところで乗り捨てができる。ただ、割と自転車の座高が高いのと、市内から少し離れたところ（ヘジントンなど）はゾーン外になる点に注意が必要。

ロンドン旅行

オックスフォードからは電車とバス（コーチ）でロンドンに行けるが、我が家は電車の駅からは少し遠く、むしろバス停のほうが近いので、もっぱらバスで行っていた。往復は15ポンドで、乗るときに切符を買える。混んでいなければ1時間半から2時間ぐらい。Oxford TubeとX90という二つのバスがあったが、X90は2020年1月になくなることになった。ロンドンの渋滞がひどくなったのと、電車が便利になったのが大きな要因とのことだ。

バスはStagecoachやOxford Tubeというアプリがあるのでバスの現在地の確認や予約ができる。Oxford Tubeはオックスフォードのグロスターグリーンから出発し、ヘジントンのあたりを通って、ヒリンドン、シェパーズブッシュ、ノッティングヒルゲートなどを通ってヴィクトリア駅に行く。私は渋滞が心配なこともあり、だいたいシェパーズブッシュあたりで降りて地下鉄に乗り換えることが多かった。

なお、ロンドンの地下鉄はオイスターカードという日本のSuicaに当たるカードがあるが、Apple Payやコンタクトレスカードも対応しているので、あえて買う必要はなさそう。

気候について

夏の対策

基本的にオックスフォードの夏は日本（京都）に比べるとずっと涼しく、冬は夜が長いがそれほど雪も降らず寒くない。

夏が短く蚊もいないせいか、網戸がない。網戸がないと蜂や蠅や蛾などが部屋に入ってくるが、こちらの人はあまり気にしないようだ。気になる場合は簾を買うなどの対策が必要になる。

また、我が家のようにエアコンや扇風機もないところが多いので、うちわか何かを一つは持って行ったほうがよい。暑い時期はひと月もないが、昨今の気候変動で熱波がときどき来るので扇風機の購入も考えるべきだろう。

冬の対策

こちらの家は冬の寒さ対策はしっかりしているが、密閉度が高いせいか結露が生じる。カビが生えると借主の責任になるので、結露対策はウェブなどでよく調べて行う必要がある。うちは早めに小さめの除湿機を買ったが、やはりこまめな換気や、窓やサッシを拭くなどが必要だろう。

なお、オックスフォードはよく雨が降り、通り雨も多いので、フード付きのコートがあると便利。また、芝生の公園（meadow）は春夏は素敵だが、秋から冬にかけて雨が続くと長靴がないと歩けなくなる。洪水の影響もありうるので、住む場所によっては長靴（wellies）を現地で買うことが望ましい。

帰国前の手続き

小学校

以前から帰国のことは小学校に伝えていたが、約1ヶ月前に正式に伝えると、手続きの書類を書くように言われた。小学校に在籍した証拠の書類も頼んだら作ってくれた。

自宅の退去手続き

これが大変。日本と違って一番大変なのはプロの掃除屋を退去前に自分で依頼しないといけないこと。2ヶ月前ぐらいから家族でよく相談して手続きを決めておく必要があると思う。また、オンラインで手続きできる場合でも返事が一向に来ない場合があり、結局電話しないといけないこともあるので、何度でも根気よく頼む必要がある。

家の退去に伴う片付けと掃除が大変なことがわかっていたため（妻が賢明だった）、今回は正式な退去日の5日前に近所のAirbnbのフラットに引っ越した（その途中でロンドンに移動したので、実質そのフラットには3泊だけ居たことになる）。

退去時に掃除や備品のチェックが入るが、引っ越してきた時の備品のリストに照らして行われるので、引っ越してきた時の備品のチェックを怠っているとこのさいに痛い目を見ることになる。私の場合は、天窓を開けるための伸縮棒が最初からなかったが、備品のチェックを怠っていたために敷金から引かれることになった。後の祭りだが、備品をチェックする人も適当なので、自衛をするように気をつけないといけない。

上記の備品がなかった件と、退去の半月前ぐらいに電球を変えてもらった件だけ天引きされていたが、基本的に敷金はそのまま返ってくることになった。イギリスに残している口座に振り込まれることに。

電気

私はBulbを使っていたが、これはオンラインで手続きできる。引っ越す前にメーターを自分で読んでメールで送る必要あり。Bulbに限らないと思うが、うちはオール電化のせいか、冬は電気代が嵩んで大変だった。

なお、電気、水道、住民税などの最終の支払いの領収証を不動産会社に提出する必要がある。私の場合は帰国後まですべてが揃わなかったため、帰国してからメールで提出した。

インターネットプロバイダ

私はTalkTalkを使っていたが、契約終了の1ヶ月前に連絡を入れる必要がある（引っ越しするだけで解約しない場合は2週間前）。電話で解約を頼まないといけないので大変。私は1年間使っていなかったせいか、early exit feesという解約手数料を約10ポンド余分に取られた。ルータは適当に処分しろと言われたので、透明なビニール袋に入れて燃えないゴミに出した。

水道

水道はThames Water。これもオンラインで手続きできる。最後にメーターを読んで連絡する必要がある（不動産屋は不要と言うので省略しようと思ったが、念のため帰国前に水道会社に電話すると、本当は自分でメーターを読んでもらったほうがよいが、連絡がなければ推定値で手続きするとのこと。仕方ないのでそうしてもらうことにした）。なお、最後の請求書は日本の住所に送ってもらうようにしたが、オンラインアカウントを作っておけばそちらでも見られるそうだ。

カウンシルタックス

これは住民票に当たるもの。オンラインでMove outの手続きをすればよい。

2月中旬に手続きをしたが、3月上旬に来年度の税金の書類が来たので再度メールで問い合わせるも返事がなくて心配なので、帰国前に電話で問い合わせ。オンラインの情報は伝わっていたようだが、まだアカウントをクローズしてくれていなかったので、その場でクローズしてくれた。1年分のお金を支払っていたため、少しお金が戻ってくるとのことで、銀行の口座番号を伝えておく。しばらくしたら振り込まれるとのこと。また、来年度の税金の書類は捨ててよいとのこと。

NHS

書類などには、国外に引っ越す場合はNHSのGP登録を解除してもらうように、とあるので電話で連絡してみたが、とくに手続きしなくても一定期間連絡がとれなければ勝手に解除されるから大丈夫と言われる。乳がん検診などの手紙が帰国後に日本の住所に届いていたのでなんだか心配だが、とりあえずそのままにしておくことにした。

ヒースロー空港の電子ポスター。

家の掃除

退去の2週間ぐらい前に見積もりに来てもらう。見積もりに来てもらったのは、不動産屋に紹介してもらった業者。うちは2ベッド（トイレ二つ、バス一つ）の小さなところだが、それでも250ポンドほど。正式な退去が月曜日なので、その前の週の金曜日にしてもらうことになった（退去前に近所のウィークリーマンションに入るので、その日までにはすべて片付けてある。ただし、業者の都合で土曜日になった）。時間があればもう少し早めに見積もりを入れてもらって、相見積もりにしたほうが安くすむかもしれない。

窓の掃除も別の業者に頼んでしてもらった（外側のみ。内側は上記の掃除の業者に頼んだ）。一度電話とSMSで連絡したあと、先方から返事が来なかったので、掃除の入る2日前に連絡をしたら、1日前に来てくれることになった。予定に関しては適当な感じだったが、まあ普通に掃除をしてくれて、名刺大の「窓掃除をしました」という紙をくれた。これを家の中に置いておけとのこと。二人で来て15分ほど窓掃除をして、20ポンドほど。

チャリティショップ

いらないものは近所のチャリティショップに持って行った。donationだと言えば基本的に何でも引き取ってもらえる。近所のチャリティショップに何度も通った。いらない靴は近所の大きなスーパーのそばにあるドネーション用の回収箱に入れた。

あとがき

アイドルはトイレに行かないという説がある。BTSという韓国の男性グループが好きな私の娘もそう信じている。娘の考えによると、BTSのメンバーは生まれたときから一度もトイレに行ったことがないが、いつかグループが解散したら各自トイレに行くようになるそうだ。

では、哲学者はトイレに行くだろうか。デカルトやウィトゲンシュタインがトイレに行く姿は想像しにくい。恋愛などはなおさらであろう。昔の哲学者の肖像画や写真だけを見ていると、哲学者はみな中年か高齢者で、恋愛もせず、霞を食って生きていたのではないかと思うかもしれない。心の哲学の分野で有名なコリン・マッギンも、自伝的な哲学入門書の中で次のように書いている。

哲学者のステレオタイプの一つとして、哲学者は一人で一日中部屋に籠り、絶え間なく思索を行っている、というものがある――まるでひたむきな哲学者の人生には愛もセックスもないかのように。[1]

決して笑い事ではないが、こう書いたマッギン自身は、その後セクハラ問題を起こして大学を退職し、はからずも上記のステレオタイプを打ち破った。本書はそのような人倫に背いた仕方ではないやり方で、哲学者もトイレにも行けば風呂にも入り、恋愛もすれば戦争にも行く身近な存在であることを示そうとしたものである……と言えなくもない。

◇

本書は2019年8月から2021年12月まで「Webあかし」でほぼ毎月連載していた「オックスフォード哲学者奇行」を書籍化したものである。連載のきっかけは、私が2019年春から長期研究休暇でオックスフォード大学に滞在していたときに、明石書店の編集者の上田哲平氏から何か執筆しませんかと相談があったことだった。最初は「オックスフォード紀行」などはどうかという話だったが、それがいつのまにか「オックスフォード哲学者奇行」になった。ちょうど、ミジリーやウォーノックやブライアン・マギーの自伝を読んだり、ライル以降のオックスフォード哲学者に関する講義に出たりしていたので、それらを踏まえて何か書けるだろうという軽い気持ちで引き受けたのではなかったかと思う。連載は帰国後も続き、最終的には帰国後に書いた量のほうが多くなった。

◇

『英国の曲線』（1939）という本がある。アリストテレス哲学研究者として有名な出隆《いでたかし》（1892～1980）が、1920年代中頃に英国に留学したときの経験をエッセイにしたものだ。この本に比べると本書は格調がずっと低いが、本書の構想を練るさいに最初に思い出した本であった。出の本にもメイモーニングの話が出てきて、「労働者のすなるメー・デーとは凡そ縁のないもの」（16頁）と私と同じようなことを書いている。出もオックスフォードで勉強しており、「九時から一〇時まで、先週のマーレー教授のに次いで今日はロス先生の科外講義。題はIntroduction to Ancient Philosophy. 午後ブラックウェル書店で三ポンド六シル〔シリング〕散財」（24頁）などと記している。当時まだ若手だったライルの名前は出てこないが、挨拶ぐらいはしたのかもしれない。

ほかにも、『ギリシア哲学者列伝』とか『物語「京都学派」』など、哲学者の思想を理解するうえで役に立つのかどうかわからないが、その哲学者に関心を持つのには役立ちそうな本がいくつかあり、そうした本のことも思い出しつつ連載を続けた。

時期的にも20世紀のオックスフォード哲学の歴史を調べるにはちょうどよかった。この連載が始まったのはちょうどアンスコムやヘアらの生誕100周年に当たる2019年で、とくにアンスコムやフットら女性哲学者の注目が高まっている頃だった。また、日本に比べて英国では伝記や自伝を書く文化が盛んだが、自伝を書いていない哲学者についても、新聞や学術誌などで追悼文がしっかり書かれるので、20世紀のオックスフォード哲学の中心となった人物が一通り他界してそうした伝記的情報が集めやすくなっていた。連載中はそうした文献をおもしろく調べながら書くことができた。

その後、日本でもエアの『言語・真理・論理』やウィリアムズの『生き方について哲学は何が言えるか』の翻訳が文庫化されたり、アンスコムの『インテンション』の新訳が出たり、パーフィットの『重要なことについて』の翻訳が出たりと、オックスフォード哲学は今も注目を集めている。

私自身は、この連載がきっかけで岩波書店の『思想』でのアンスコム特集（２０２２年９月号）にも執筆することになった。そこでも書いているように、この連載をするうちに、哲学者の人生と思想の間にはしばしば緊密な結びつきがあると考えるようになった。大学の講義でもオックスフォード哲学史をしばらく扱っている。半分冗談から始まった連載が、私の研究人生にも少なからぬ影響を与えることになった。

◇

愛の労働（labour of love）というのがあるとすればこの仕事のことだろう。私は基本的に〆切にしか動機付けられない人間で、かつ〆切が過ぎてから動機付けられる人間だと思っていたが、今回の連載は〆切よりも前に原稿を出せたことが多かった。

思うに、倫理学をやっていると真面目になりすぎるきらいがある。安楽死や医療資源の配分を論じるさいにあまり冗談は書けない。とりわけ帰国してからしばらくはCOVID－19のパンデミックの深刻な話をずっと扱っていたので、当然と言えば当然だが、真剣な面持ちで研究をしていた。

しかし、人間、真面目すぎると息が詰まる。しばらくの間、私はユーモアが好きな自分の一部を抑圧しすぎていたのかもしれない。その意味では、今回、基本的に真面目なことは書かずに冗談だけを書いていればよい連載をすることは、よい気晴らしになり、またリハビリにもなったと言える。幸い、この時期のオックスフォードの哲学者は英国のコメディでも取り上げられるほど奇行が多かったので、ネタに困ることもなかった。[2] ほぼ同時期に別の真面目な連載もしていたが、それに比べると気楽なもので、またウェブ連載だったので読者の反応も比較的すぐにわかり、毎回の励みになった。何度か有益なコメントもいただいた。

◇

連載をしている間にBrexit（英国のEU離脱）が起き、帰国間際にはCOVID－19のパンデミックも発生したが、その後も英国では大きな変化が続いている。連載中に英国の「現首相」だった保守党のボリス・ジョンソンは、不祥事が重なり2022年7月に辞意を表明し、同年

9月に同じ保守党のリズ・トラスが首相になった。彼女もオックスフォード大学の卒業生で、専攻はPPEだった。さらに、エリザベス2世女王も首相交替の直後に死去し、皇太子のチャールズがチャールズ3世として即位した。女王は1926年生まれなので、アンスコムやヘアよりは少し年下であるが、女王が死んで本当に一つの時代が終わった観がある。

「道路工事はここで終わり」というサイン。大学から自宅への帰り道にて。

◇

連載中に使用した写真を本書でも掲載しているが、これらはパブリックドメインの写真や書影などを除くと、私が滞在中に撮影したものである。また、本書の目次のあとに掲載しているオックスフォードのマップは、本文に登場するコレッジなどを中心に描いてある。もちろん、ほかにもコレッジや町の名所は多くあるので、ぜひ自ら足を運んでもらいたい。書籍化するにあたり、「こぼればなし」としてコラムを書き足したほかに、以前ブログに書いた「英国にサバティカルに行く人のために」も収録した。Brexitやパンデミックによってずいぶん状況が変わったと思うが、これからサバティカルや留学に行く人の何かの役に立てば幸いである。なお、書籍化にあたって脚注も少し増やしたが、URLの最終アクセス日はすべて2022年8月末日である。

◇

最後に、以下の人々に感謝の意を記して終わりたい。本書に関して一番お世話になった編集者の上田哲平氏。氏には私の拙い文章の手直しをしてもらっただけでなく、内容に関していろいろ提案してもらったり写真を見繕ってもらったりもした。優れた編集者と一緒に仕事ができたことに大いに感謝している。また、長期研究休暇を許可してくれた京都大学の南川高志先生（当時は文学研究科長）、水谷雅彦先生。オックスフォード滞在中の受け入れ先だった The Oxford Uehiro Centre for Practical Ethics のセンター長（当時）の Julian Savulescu 教授と、上廣倫理財団の皆様。一部の連載原稿を読んでコメントしてくださった坂井昭宏先生。毎回連載原稿を読んであまりに不適切なジョークがないかチェックしてくれた妻の石川涼子。そして、楽しいオックスフォード生活を可能にしてくれた妻と娘。

2022年9月　吉田キャンパス研究室にて

児玉　聡

注

［1］McGinn, Colin, *The Making of a Philosopher: My Journey through Twentieth-Century Philosophy*, Scribner, 2003.

［2］Lipscombが紹介しているように、１９６０年にOxbridge Philosophyを戯画化したコメディが劇場で上演され、人気を博した。Beyond the Fringeで調べるとYouTubeでも見ることができる。Lipscomb, B. J. B., *The Women are up to something: How Elizabeth Anscombe, Philippa Foot, Mary Midgley, and Iris Murdoch revolutionized ethics*, Oxford University Press, 2021, pp.223-224.

や

ら

わ

アルファベット

た

な

は

ま

事項索引

ま

や・ら

わ

人名索引

【著者紹介】
児玉《こだま》　聡《さとし》

1974年大阪府生まれ。京都大学大学院文学研究科博士課程研究指導認定退学。博士（文学）。東京大学大学院医学系研究科専任講師等を経て現在，京都大学大学院文学研究科教授。

主な著書に『COVID-19の倫理学』（ナカニシヤ出版，2022年），『実践・倫理学』（勁草書房，2020年），『正義論』（共著，法律文化社，2019年），『入門・倫理学』（共編，勁草書房，2018年），『マンガで学ぶ生命倫理』（化学同人，2013年），『功利主義入門』（筑摩書房，2012年），『功利と直観』（勁草書房，2010年，日本倫理学会和辻賞受賞）など。

オックスフォード哲学者奇行

2022年11月10日　初版第1刷発行
2023年 1 月30日　初版第3刷発行

著　者――児 玉　　聡
発行者――大 江 道 雅
発行所――株式会社 明石書店
〒101-0021　東京都千代田区外神田6-9-5
電話 03（5818）1171　FAX 03（5818）1174
https://www.akashi.co.jp/

装　幀　　清水肇（prigraphics）
イラスト　タニガワ マキ
印　刷　　株式会社 文化カラー印刷
製　本　　協栄製本 株式会社
ISBN 978-4-7503-5481-1